Christine Broll

München und Umgebung

FREIZEIT MIT KINDERN

STÖPPEL
FreizeitMedien

Tourenübersicht

Gerolsbach
Scheyern
Niederthann
Schweitenkirchen
Haindlfing
Oberappersdorf
Sixthaselbach
Wang
Feldkirchen
Zell
Ilmmünster
Paunzhausen
Güntersdorf
Wolfersdorf
Gerlhausen
Haag a. d. Amper
Moosburg
Alberzell
Reichertshausen
Nörting
Kirchdorf a. d. Amper
Zolling
Amper
Hirschenhausen
Haunstetten
Allershausen
Haindlfing
Langenbach
Niederlern
Buch
Tüntenhausen
Langenpreising
Jetzendorf
Hohenkammer
Thalhausen
Zustorf
Wartenberg
Ilm
Glonn
Kranzberg
Freising
Marzling
Isar
Ainhofen
Petershausen
Sünzhausen
Berglern
Fraunberg
Langenbettenbach
Weichs
Lauterbach
Giggenhausen
Attaching
Markt Indersdorf
Vierkirchen
Pulling
Flughafen München
Eitting
Reichenkirchen
Sempt
Massenhausen
Altham
Fahrenzhausen
Achering
Schwaig
Niederding
Grünbach
Arnbach
Röhrmoos
Mintraching
Oberding
Langengeisling
Haimhausen
Hallbergmoos
Erding
Bockhorn
Ampermoching
Neufahrn
Notzing
Aufkirchen
Altenerding
Eching
Kirchasch
Eichenried
Oberbachern
Hebertshausen
Unterschleißheim
Moosinning
Pretzen
Günding
Dachau
Garching
Niederneuching
Wörth
Walpertskirchen
Facha
Bergkirchen
Ober-
Oberneuching
Karlsfeld
Ismaning
Finsing
Ottenhofen
Eschenried
Buch
Speichersee
Pliening
Gelting
Pastetten
Unterföhring
Markt Schwaben
Forstern
Langwied
Aschheim
Kirchheim
Poing
Gröbenzell
Feldkirchen
Heimstetten
Forstinning
Hohenlinden
Puchheim
MÜNCHEN
Anzing
Parsdorf
Germering
Ebersberger Forst
Vaterstetten
Gräfelfing
Haar
Pöring
Krailling
Planegg
Neubiberg
Putzbrunn
Zorneding
Ebersberg
Neuried
Grasbrunn
Markt Kirchseeon
Emmering
Unterbrunn
Gauting
Unterhaching
Ottobrunn
Hohenbrunn
Harthausen
Grafing
Pullach
Taufkirchen
Würm
Buchendorf
Grünwald
Oberpframmern
Moosach
Buchenhain
Leutstetten
Baierbrunn
Oberhaching
Höhenkirchen-Siegertsbrunn
Elkofen
Wangen
Deisenhofen
Brunnthal
Bruck
Aßling
Straßlach
Egmating
Glonn
Percha
Schäftlarn
Dorfen
Oberbiberg
Aying
Münster
Hohenthann
Berg
Dingharting
Sauerlach
Hofolding
Schönau
Aufkirchen
Holzhausen
Altkirchen
Kleinhelfendorf
Piusheim
Icking
Lochhofen
Göggenhofen
Baiern
Tuntenhausen
Höhenrain
Aufhofen
Endlhausen
Großhelfendorf
Höhenrain
Egling
Arget
Wimpasing
Wolfratshausen
Thanning
Aschbach
Holzham
Ried
Reichertshausen
Baiernrain
Otterfing
Feldkirchen-
Mangfall
Kirchdorf
Münsing
Valley
Holzhausen
Degerndorf
Gartenberg
Asch-olding
Lochen
Westerham
Bruckmühl
Bad Aibling
Thalham
Holzkirchen
Ambach
Hölching
Oberdarching
Weyarn
Götting
Willing
Eurasburg
Geretsried
Dietramszell
Bruck
Beuerberg
Großhartpenning
Warngau
Irschenberg
Thalham
Hechenberg
Kirchsee
Oberwarngau
St. Heinrich
Königsdorf
Piesenkam
Reitham
Boschhof
Kirchbichl
Miesbach
Nordern
Schaftlach
Wall
Parsberg
N
0
2,5
5 km

Die Autorin:
Christine Broll ist Diplombiologin und arbeitet als freie Journalistin in Penzberg. Sie ist die Begründerin der Buchreihe „Freizeit mit Kindern".

Trotz größter Sorgfalt bei Recherche und Zusammenstellung der Touren in diesem Buch können Autorin und Verlag für die Angaben keine Gewähr übernehmen. Auf jedem Fall freuen wir uns über Korrekturen, Anregungen und Verbesserungen zu diesem Freizeitführer. Bitte senden Sie diese an: STÖPPEL FreizeitMedien GmbH, Mandichostr. 18, 86504 Merching.

Bildnachweis:
Titelbild oben: Archiv Bayern Tourismus Marketing GmbH, Titelbild unten: Frank Lukaseck/Allover/f1 online; Michaeligarten: 15; Kinder- und Jugendmuseum: 11 oben, 22, 23; Wasserwirtschaftsamt München: 11 unten, 83; Deutsches Museum/S.Wameser: 20; Tourismusamt München: 28, 29, 37, 53, 54, 69 oben; Bayerisches Nationalmuseum München: 30, 31; Spielzeugmuseum: 34, 35; Münchner Marionettentheater: 41; Kleines Theater im Pförtnerhaus: 44, 45; Circus Krone: 47; Maria Reichenauer: 56, 142, 165; Stefan Neueder, Baureferat Gartenbau München: 64, 65; Galopprennbahn Riem: 72, 163; Bavaria Filmstudios: 74, 75; Märchenwald Wolfratshausen: 87; Maisinger Seehof: 101; Gemeinde Wessobrunn: 103, 104; Bayerische Seenschifffahrt: 109; Ex Ornamentis: 113; Detlev Motz: 146; Flughafen München: 147; Andrea und Christian Heinrich, fotofeeling.com: 152, 153; Museum Wald und Umwelt: 158, 159; Christof Blumberger: 48, 50, 51, 77, 89, 155, 156, 157; alle anderen Bilder stammen von der Autorin.

Bibliografische Information der Deutschen Bibliothek
Die Deutsche Bibliothek verzeichnet diese Publikation in der Deutschen Nationalbibliografie, detaillierte bibliografische Daten sind im Internet unter http://ddb.de abrufbar.

2. völlig neu bearbeitete Auflage 2006

Layout: grafik et cetera Maria Reichenauer
Karten: Computerkartographie Carrle, München
Umschlaggestaltung: Uhlig/www.coverdesign.net
Druck: Kessler Druck + Medien, Bobingen · Printed in Germany

ISBN-10: 3-89987-308-4
ISBN-13: 978-89987-308-5

Inhalt

Im Süden von München

Im Westen von München

Im Norden von München

Im Osten von München

Serviceteil

Zeichenerklärung

Symbolerklärung

- Adresse mit Telefonnummer und weiteren Informationen
- Öffnungszeiten
- Eintrittspreise
- Einkehrmöglichkeiten
- Parkplatz
- Anreise mit öffentlichen Verkehrsmitteln
- Kombinationsmöglichkeiten mit anderen Ausflügen

- Tour auch bei Regen möglich
- Radtour
- Wanderung
- Tour auch im Winter empfehlenswert
- Tour auch für Kinderwagen geeignet
- Besichtigung

Kartenlegende

- P Parkplatz
- Bf Bahnhof
- U U-Bahn
- S S-Bahn
- Aussichtspunkt
- Freibad
- Hallenband
- Gipfel
- H Haltestelle
- M Museum
- Sehenswürdigkeit
- Kirche, Kapelle
- Burg, Schloss
- Gasthaus
- Startpunkt
- Hauptroute, Richtungspfeil
- Abstecher
- Abkürzung, Alternative

Vorwort

Mit den Kindern am Wochenende gemeinsam etwas unternehmen, was allen Spaß macht - das wünschen sich viele Eltern. Doch wo soll man hin? Die klassischen Ziele sind schnell abgehakt und das Blättern in herkömmlichen Reise- oder Wanderführern hilft auch nicht weiter, da dort die Bedürfnisse von Kindern in der Regel nicht berücksichtigt werden. Und was tun an Regentagen? Ratlosigkeit macht sich breit. Man bleibt entweder beim Altbewährten oder gleich ganz zu Hause - unzufrieden.

Auch ich und meine Familie standen oft vor diesem Problem und deshalb begann ich ganz gezielt zu recherchieren: Ich befragte Freunde und Bekannte, wälzte Unmengen von Prospekten und Karten, telefonierte mit Fremdenverkehrsämtern und durchforstete das Internet. Die Tipps und Ideen, die ich dabei bekam, testete ich mit meiner Familie.

So entstand eine Sammlung von 73 Ausflügen, die Eltern und Kindern Spaß machen: Kindgerechte Museen, kurzweilige Wanderungen, autofreie Fahrradtouren, Schifffahrten und vieles mehr. Neben den klassischen Zielen sind viele Geheimtipps beschrieben, die in keinem anderen Führer zu finden sind.

Es gibt Vorschläge für Unternehmungen bei Sonne und Regen. Eltern, deren Kind noch im Kinderwagen gefahren wird, erfahren in einem gesonderten Kapitel, welche Touren für sie geeignet sind. Um mit dem Buch nicht zum weiteren Verkehrsinfarkt beizutragen, habe ich - soweit vorhanden und mit Kindern machbar - die Anreise mit öffentlichen Verkehrsmitteln beschrieben.
Die Ausflugsziele sind so geschildert, wie wir sie erlebt haben - Schönfärberei ist dabei nicht im Spiel, da wir bei den Recherchen finanziell unabhängig und niemandem verpflichtet waren.

Ich wünsche Ihnen und Ihrer Familie viele schöne erlebnisreiche Tage mit diesem Buch.

Ihre
Christine Broll

Zu Anfang einige Tipps

Was unternehmen wir heute?

Bei der Fülle der hier angebotenen Tipps und Touren ist das natürlich keine einfache Frage. Zur ersten Orientierung wurden jedem Kapitel Symbole vorangestellt, die über den Charakter des Ausflugs informieren. Außerdem gibt es im Service-Teil am Ende des Buches ein spezielles Kapitel, in dem alle Touren thematisch zusammengestellt sind. Man erfährt dort, welche Ausflüge bei Sonnenschein und welche bei Regenwetter empfehlenswert sind. Bei vielen Ausflügen werden im Info-Teil Kombinationsmöglichkeiten vorgeschlagen, so dass man sich je nach Unternehmungslust, Alter der Kinder und verfügbarer Zeit individuelle Ausflüge zusammenstellen kann.

Auf die Angabe von Altersgrenzen wurde bewusst verzichtet, da sich Kinder ganz unterschiedlich entwickeln. Es sind daher bei Wanderungen und Spaziergängen immer die Gehzeiten für Erwachsene angegeben - so können die Eltern selbst entscheiden, ob die Wanderung schon für ihr Kind geeignet ist. Bei Radtouren ist die Länge der Strecke in Kilometern angegeben. Auch das Interesse an einem Museumsbesuch hängt neben dem Alter stark vom Temperament der Kinder ab. Damit die Eltern abschätzen können, ob ein bestimmtes Museum zum jetzigen Zeitpunkt in Frage kommt, wird relativ ausführlich geschildert, was zu sehen ist. Ich habe die Erfahrung gemacht, dass Kinder sich für viele verschiedene Themen begeistern lassen - vorausgesetzt man erklärt ihnen die Exponate kindgemäß und geht auf ihre Fragen ein.

Essen und Trinken

Hungrige und durstige Kinder haben keine Freude an der schönsten Unternehmung. Sie quengeln, die Eltern

schimpfen und schon ist der ganze Ausflug verpatzt. Darum lautet die eiserne Regel für einen gelungenen Ausflug: die Verpflegung darf niemals ausgehen. Wir haben daher bei allen Touren - egal ob Museum, Park oder Wanderung -

einen kleinen Rucksack mit Getränken und Proviant dabei. Das schont die Nerven und außerdem den Geldbeutel.
Bei vielen Touren sind auch Einkehrmöglichkeiten beschrieben. Es wurden vor allem gutbürgerliche Gasthöfe ausgewählt, die schöne Terrassen oder Biergärten haben, wo die Kinder nach dem Essen relativ gefahrlos spielen können. So können die Eltern in Ruhe sitzen bleiben, ohne ständig ihren Kindern hinterher zu jagen. Über die Qualität der Küche erlaube ich mir kein Urteil, da die Geschmäcker doch sehr verschieden sind. Vornehme Gaststätten und Restaurants sind bewusst ausgeklammert, da edle Tischdecken und umkippende Kristallgläser Eltern leicht zur Verzweiflung bringen können.

Öffnungszeiten und Eintrittspreise

Bei Museen und Parks sind in der Regel die Öffnungszeiten angegeben. Sie wurden sorgfältig recherchiert und entsprechen dem Stand 2006. Für die Richtigkeit können wir allerdings keine Gewähr übernehmen, da sie sich erfahrungsgemäß ändern. Besonders bei weiten Anfahrten ist es daher empfehlenswert, sich unter den angegebenen Telefonnummern zu erkundigen, ob auch wirklich geöffnet ist. Das gleiche gilt auch für die Preise. Die Angaben sollen vor allem einen Anhaltspunkt geben, in welcher Größenordnung die

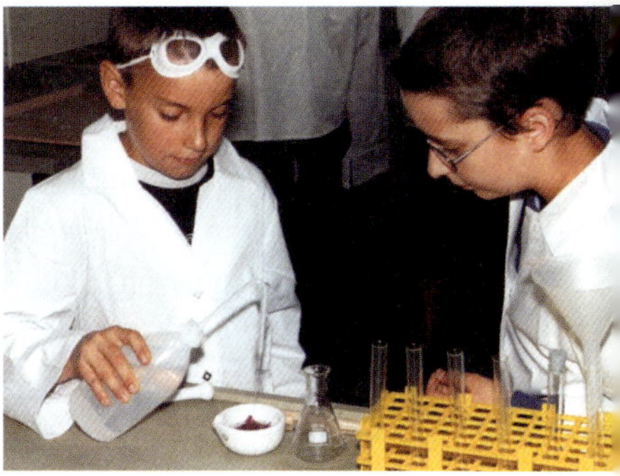

Kosten liegen. Genau wie bei den Lebenshaltungskosten ist hier natürlich auch mit Preissteigerungen zu rechnen.

Wanderungen und Spaziergänge

Bei der Auswahl der Wanderrouten wurde vor allem darauf geachtet, dass die Wege möglichst abwechslungsreich sind. Da Kinder ungern ziellos spazieren gehen, bieten die Strecken immer Spielmöglichkeiten unterwegs oder ein attraktives Ziel. So sind z.B. auf den Walderlebnispfaden viele Stationen, an denen die Kids aktiv werden können.

Andere Wanderungen führen beispielsweise zu einen Abenteuerspielplatz oder einem Biergarten. Die angegebenen Gehzeiten gelten für erwachsene Durchschnittswanderer. Wir haben die Erfahrung gemacht, dass man mit Kindern gut das Doppelte der angegebenen Zeit benötigt, wenn man ihnen Zeit lässt, die Natur links und rechts des Weges zu betrachten oder zwischendurch im Wald zu spielen.

So ist eine Wanderung, für die eine Gehzeit von eineinhalb oder zwei Stunden angegeben ist, mit Kindern schon ein Tagesausflug - rechnet man zu der doppelten Gehzeit noch eine längere Brotzeitpause und die Anfahrt hinzu.

Radtouren

Hauptkriterium bei der Auswahl der Radeltouren war, dass die Wege möglichst autofrei, eben und landschaftlich reizvoll sind. Hatten wir bei einer Teilstrecke die Wahl zwischen einem holprigen Feldweg und einer Autostraße, so entschieden wir uns für den Feldweg. Um zum Ausgangspunkt vieler Radtouren zu kommen, benötigt man einen Dachständer für die Fahrräder. Bei manchen Radtouren ist auch die Anfahrt mit dem Zug oder der S-Bahn möglich.

Öffentliche Verkehrsmittel

Für die meisten unserer „automobilen" Kinder ist die Anreise mit dem Zug schon ein Erlebnis für sich. Sie können sich im Zug frei bewegen, gemeinsam mit den Eltern aus dem Fenster sehen oder ein Buch betrachten. Die Eltern sparen sich das Gequengel auf den Rücksitzen („Wann sind wir denn endlich da?") und die manchmal entnervende Suche nach einem Parkplatz. Alle angegebenen Verbindungen mit öffentlichen Verkehrsmitteln sind für Familien mit Kindern praktikabel. Ich habe mich auf die Angabe der Bahn- und S-Bahnverbindungen beschränkt, da die Verbindungen mit Überlandbussen in der Regel sehr schlecht und langwierig sind. Es sind auch jeweils die Verbindungen vom Bahnhof zum Ziel angegeben.

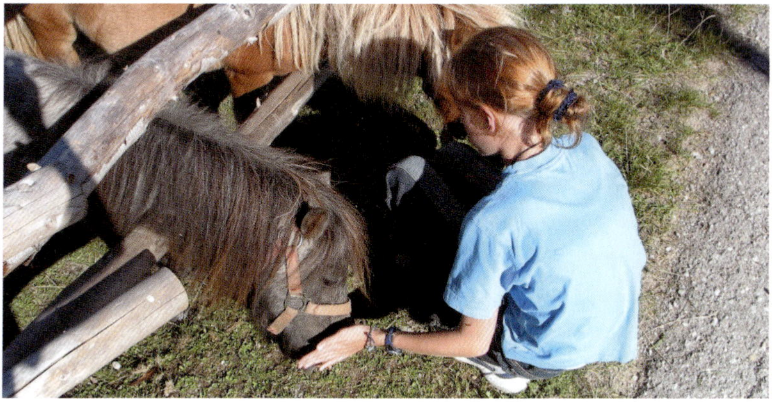

Karten

Für viele Touren in diesem Buch ist keine spezielle Karte notwendig. Bei Radtouren und Wanderungen haben wir neben der Wegbeschreibung Kartenskizzen ins Buch aufgenommen. Zur Orientierung in München empfiehlt sich ein Stadtplan. Ist man auf dem Land unterwegs, haben sich die Generalkarten im Maßstab 1 : 200 000 als äußerst nützliche Begleiter erwiesen. Man kann mit Hilfe dieser Karten auch abseits der bekannten Pfade Interessantes entdecken, ohne sich zu verfahren. Sehr gut sind die Kompass-Karten im Maßstab 1 : 50 000.

Sie sind für folgende Tourengebiete erhältlich: Starnberger See, Ammersee (Nr. 180), Augsburg - Dachau - Fürstenfeldbruck (Nr. 190), Freising - Erding - Markt Schwaben (Nr. 183) und Rosenheim, Bad Aibling (Nr. 181).

Eine Menge dazugelernt

„Reisen bildet". Dieser Satz gilt ganz besonders auch für Kinder. Wenn Kinder gemeinsam mit ihren Eltern in Museen oder auch in die Natur gehen, sammeln sie einen wichtigen Schatz an Erfahrungen. Außerdem haben die Eltern unterwegs oft viel mehr Zeit, auf die unzähligen Kinderfragen einzugehen als zu Hause im Alltagstrott. Ob es einmal einen Meteoriten in der Volkssternwarte in der Hand hatte oder die Abfertigung der Flugzeuge auf dem Rollfeld beobachtet hat - was ein Kind einmal erlebt hat, versteht es und vergisst es so schnell auch nicht wieder. Viele Ausflüge regen die Kinder auch zu kreativen Spielen an den folgenden Tagen an. So haben meine Kinder zum Beispiel nach dem Besuch des Kaltenberger Ritterturniers am nächsten Tag wunderschöne Ritterhelme aus Pappe und Buntpapier gebastelt.

München - Weltstadt für Kids

Bayerische Lebensart gepaart mit Weltstadtflair - München bietet für jeden etwas! Das Angebot ist fast unüberschaubar. Doch was macht Kindern wirklich Spaß? Sie wollen keine große Kultur, langweilen sich in Pinakotheken und Galerien. Das heißt aber nicht, dass man mit seinen Kids nicht ins Museum gehen kann - es muss nur das richtige sein.

Museen können Spaß machen

Der Klassiker für Familien an verregneten Sonntagen ist natürlich das Deutsche Museum - alte Schiffe, Flugzeuge und Mondraketen stehen in der Gunst ganz oben. Und im Kinderreich können Kindergarten- und Grundschulkinder das Museum auf eine ganz neue Weise erleben: sie können selbst experimentieren. Anfassen und begreifen gehören auch im „Kinder- und Jugendmuseum" im Münchner Hauptbahnhof zum Konzept. Hierher kann man immer wieder kommen, denn es werden mehrmals jährlich neue Ausstellungen gezeigt.

Im „Museum Mensch und Natur" sind die interaktiven Frage- und Antwortspiele, wo Schüler ihr Wissen über die Natur testen können, der große Hit.

Mitmachen ist auch bei der Führung durch die Volkssternwarte angesagt - ob die Kinder durch das große Fernrohr schauen dürfen oder einen echten Meteoriten anfassen können - wenn sie an der Vorführung selbst beteiligt werden, ist keine Zeit für Langeweile.

In der Advents- und Weihnachtszeit sollte man mit der Familie auf jeden Fall einmal die Krippenausstellung im Bayerischen Nationalmuseum besuchen.

Gerade wenn in den Kaufhäusern der Kitsch blüht und sich überall Glühweinromantik breit macht, findet man beim Bewundern der kunstvollen Figuren und Arrangements in der Krippenausstellung Ruhe und kommerzfreie Weihnachtsstimmung.

Theater - immer etwas besonderes

Genau wie die Großen fiebern auch die Kleinen einem Theaterbesuch entgegen. Trotz Fernsehen und Computer hat das Theater nichts von seiner Anziehung verloren - ganz im Gegenteil: wenn Puppen oder Schauspieler live auf der Bühne agieren, vergessen Kinder die Welt um sich herum und leben im Geschehen mit.

Bereits mit Dreijährigen kann man ins „Kleine Theater im Pförtnerhaus" in Oberföhring gehen, einem Handpuppentheater, in dem sich fast alles um den Kasperl dreht. Auch im „Münchner Marionettentheater" steht der bei den Kleinen so beliebte Kasperl oft im Mittelpunkt. Ein ganz besonderes Kleinod ist „Otto Billes Marionettenbühne", wo sich Nostalgie und alte Puppenspielertradition paaren.

„Echte" Schauspieler stehen im „Münchner Theater für Kinder" auf der Bühne. Es werden sowohl klassische Märchen als auch Stücke von Janosch oder Astrid Lindgren gespielt. Moderne Inszenierungen bestimmen das Repertoire der „Schauburg" - dem Jugendtheater der Stadt München. Es gibt ein umfangreiches Programm für alle Altersstufen.

Raus an die Luft

Nirgendwo in München sind die Spielplätze so attraktiv wie in den großen Parks. Ganz oben in der Rangskala steht hier der Westpark mit seinen vielgestaltigen Spiellandschaften. Aber auch im Ostpark und im Hirschgarten gibt es jede Menge Möglichkeiten, sich auszutoben.

Die Mischung machts

Nach einem Museums- oder Theaterbesuch brauchen Kinder Bewegung - am besten an der frischen Luft. Daher ist man dann in einem der vielen, schönen Münchner Parks mit ihren vielfältigen Spielplätzen genau richtig. Nach dem Rundgang durch das „Museum Mensch und Natur" bieten sich der Nymphenburger Schlosspark oder der Hirschgarten zum Frischlufttanken an. Die Führung durch die Volkssternwarte lässt sich hervorragend mit einem Spielnachmittag im Ostpark verbinden und vom „Kleinen Theater im Pförtnerhaus" in Oberföhring ist es nicht weit zur Isar oder in den Englischen Garten.

Tourenübersicht München

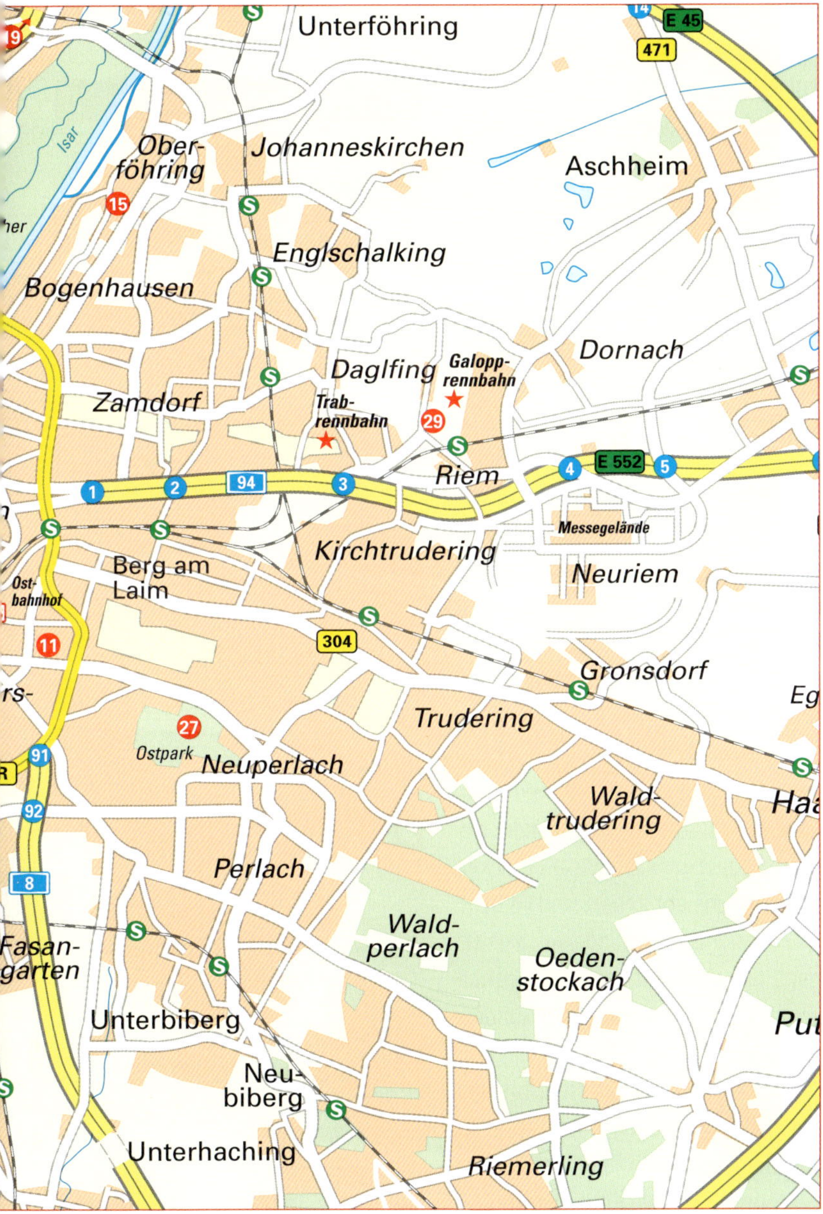

Unterföhring
E 45
471
Isar
Ober-
föhring
Johanneskirchen
Aschheim
15
Englschalking
Bogenhausen
Dornach
Daglfing
Galopp-
rennbahn
Zamdorf
Trab-
rennbahn
29
Riem
E 552
94
304
Messegelände
Kirchtrudering
Neuriem
Berg am
Laim
Ost-
bahnhof
11
Gronsdorf
Trudering
27
Ostpark
Neuperlach
Wald-
trudering
8
Perlach
Wald-
perlach
Oeden-
stockach
Fasan-
garten
Unterbiberg
Neu-
biberg
Unterhaching
Riemerling

1 München - Deutsches Museum

Für Kindergarten- und Grundschulkinder bietet das Deutsche Museum eine spezielle Attraktion: Das Kinderreich. Auf 1.300 Quadratmetern finden die Kids hier einen Spiel- und Lernbereich, wo sie selbst aktiv werden können.

Das Kinderreich ist in verschiedene Themenbereiche gegliedert. Im Spielraum zum Thema Wasser kann man ein Wasserrad antreiben und mit großen Schrauben Wasser fördern. Feuerwehrmann spielen können die Kinder auf einem echten Mercedes-Feuerwehrauto von 1953. Im Lichtspielhaus kann man unter anderem an einem Karussell erfahren, wie die verschiedenen Mondphasen entstehen. Musik liegt in der Luft, wenn man zum Musikstudio kommt: An einer riesigen begehbaren Gitarre erleben Kinder, wie Töne entstehen. Und im Sommer kann man vom Kinderreich direkt nach draußen und dort den Seenotkreuzer Theodor Heuss erkunden.

Das Museum bittet die Eltern, ihre Kinder nicht alleine ins Kinderreich zu schicken, sondern sie dorthin zu begleiten. Da das Kinderreich sehr

Toureninfos:

Deutsches Museum
Museumsinsel 1, 80538 München,
Telefon: 0 89/21 79-1
Automatische Telefonauskunft:
0 89/21 79-4 33
www.deutsches-museum.de

Täglich 9.00 bis 17.00 Uhr.
Geschlossen: 1. Januar, Faschingsdienstag, Karfreitag, 1. Mai, 1. November, 24., 25. und 31. Dezember
Kinderreich: täglich 9.00 bis 16.30 Uhr

Erwachsene: 7.50 €
Kinder ab 6 Jahren: 3.- €
Familienkarte: 15.- €

Im Museum sind ein Restaurant, ein Imbissraum sowie zwei Cafés vorhanden (im Imbissraum darf auch Mitgebrachtes verzehrt werden).

Wegen der Innenstadtlage nur sehr begrenzte Parkmöglichkeiten in den umliegenden Straßen und den Parkhäusern in der Umgebung. Es empfiehlt sich die Anfahrt mit öffentlichen Verkehrsmitteln.

S-Bahn: Station Isartor, U1 und U2: Station Fraunhoferstraße
Straßenbahn Linie 18: Haltestelle Deutsches Museum

beliebt ist, kann es an Wochenenden oder in den Ferien hier schon turbulent zugehen.
Aber auch viele der anderen Ausstellungen im Deutschen Museum sind für Kinder sehenswert: So zum Beispiel die Abteilung Raumfahrt, wo Dioramen die Mondlandung von Apollo 15 anschaulich machen. Hier kann man auch einen Teil des Weltraumlabors Spacelab besichtigen. In die Welt unter Tage versetzt fühlt man sich in der Abteilung Bergbau. Sehenswert für die kleinen Besucher sind auch die Flugzeughalle und die Schiffsausstellungen. Mit älteren Kindern lohnt es sich, an einer der kostenlos angebotenen Führungen teilzunehmen. Informationen über die Führungszeiten findet man in einem Faltblatt, das am Eingang ausliegt.
Sehr beeindruckt hat uns die Vorführung der Hochspannungsanlage, bei der künstliche Blitze erzeugt werden. Auch die Führungen in der Schifffahrtsabteilung und die Demonstration der Modelleisenbahnanlage sind für junge Besucher äußerst interessant.

Im Kinderreich des Deutschen Museums können die Kids auf einem echten Feuerwehrauto herumklettern

2 München - Verkehrszentrum des Deutschen Museums

Seit Mai 2003 präsentiert das Deutsche Museum seine einzigartige Fahrzeugsammlung im neuen Verkehrszentrum auf der Münchner Theresienhöhe. Aber nicht nur die vielen Oldtimer lohnen den Besuch: an zahlreichen interaktiven Modellen kann man z. B. auch erfahren, wie eine Lenkung oder ein Motor funktioniert.

➤ Toureninfos:

Deutsches Museum
Verkehrszentrum
Theresienhöhe 14a
80339 München
Telefon: 0 89/2179-5 29
www.deutsches-museum.de

Täglich: 9.00 bis 17.00 Uhr
Donnerstag: 9.00 bis 20.00 Uhr

Erwachsene: 2.50 €
Kinder ab 6 Jahren: 1.50 €

Das Verkehrszentrum befindet sich auf dem ehemaligen Messegelände bei der Theresienwiese, nur begrenzte Parkmöglichkeiten in den umliegenden Straßen.

U4 und U5:
Station Schwanthalerhöhe

Historische Sportfahrzeuge, vom Hochrad bis zum Formel-1-Fahrzeug, werden in Halle III präsentiert

In der unter Denkmalschutz stehenden historischen Messehalle fallen zuerst die Oldtimer auf; so z. B. der Büssing ZU 550 von 1903, der älteste erhaltene Lastkraftwagen aus deutscher Produktion, der es mit 9 PS auf eine Spitzengeschwindigkeit von 15 km/h brachte. Die Entwicklung des Fahrrads von der ersten Laufmaschine über das Hochrad hin zum modernen Mountainbike wird durch zahlreiche Ausstellungsstücke dokumentiert. Im Bereich Fahrzeug und Funktion wird an verschiedenen, sehr anschaulichen Modellen gezeigt, wie ein Verbrennungsmotor funktioniert und die Kraft vom Motor über die Kupplung und das Getriebe auf die Räder übertragen wird. Hier gibt es für die Kleinsten auch eine Kinderecke mit Rutsch- und Spielzeugautos.

Im Bereich Verkehrssicherheit im ersten Stock kann man unter anderem seine Reaktionsfähigkeit in Stresssituationen testen. Für Kinder besonders interessant sind die Sammlungen historischer Dreiräder und Tretautos.

Auf einer Tunnelrutsche können die Kids wieder ins Erdgeschoss gelangen, wo unter anderem eine beeindruckende Kollektion historischer Rennwagen zu bewundern ist. In einer zweiten Ausbaustufe sollen im Jahr 2006 zwei weitere Hallen eröffnet werden. Sie werden sich mit den Themen Stadtverkehr und Reisen beschäftigen.

Am Fahrsimulator können nicht nur Kinder ihre Reaktionsfähigkeit testen

3 München - Kinder- und Jugendmuseum

Motto des Kinder- und Jugendmuseums:

erzähle es mir -
und ich werde es vergessen

zeige es mir -
und ich werde mich erinnern

lass es mich tun -
und ich werde verstehen

Konfuzius

„Hands on - please touch!" - So lautet das Konzept des Kinder- und Jugendmuseums und daher gibt es hier keine Schaukästen und Vitrinen, sondern Dinge zum Anfassen, Begreifen und Experimentieren. Rund vier verschiedene interaktive Erlebnis-Ausstellungen werden pro Jahr präsentiert - mit Themen wie „Seifenblasen-Träume", „Papier La Papp" oder „HaZweiOh - Erforsche die Welt der Chemie."
Zu den einzelnen Ausstellungen, die in der Regel jeweils rund vier bis fünf Monate gezeigt werden, gibt es ein

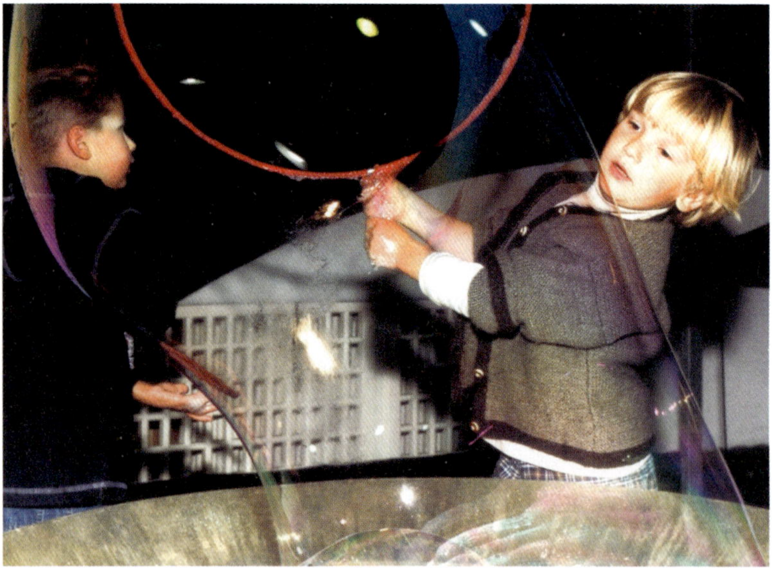

Seifenblasenträume

➤ Toureninfos:

Kinder- und Jugendmuseum
München e.V.
Arnulfstr. 3, 80335 München
(Seitenflügel Starnberger Bahnhof)
Telefon: 089/54540880
www.kindermuseum-muenchen.de

Dienstag bis Freitag: 14.00–17.30 Uhr
Wochenende, Feiertage und Ferien:
11.00–17.30 Uhr
Montag geschlossen
Achtung:
Während der Umbaupausen
zwischen den Ausstellungen
geschlossen

Kinder und Erwachsene: 4.- €
Familienkarte: 10,- €
Gruppen ab 10 Personen: 3.- €

Parkhäuser in der Umgebung
des Hauptbahnhofs

Durch die Lage am Hauptbahnhof
sehr gut mit allen öffentlichen
Verkehrsmitteln zu erreichen

umfangreiches Rahmenprogramm mit Workshops und Spielen (Programme in der Stadtinformation, allen Münchner Stadtbibliotheken und im Kindermuseum).

Während der rund dreiwöchigen Umbaupausen zwischen den einzelnen Ausstellungen bleibt das Kindermuseum leider geschlossen. Welche Ausstellung gerade läuft erfährt man im Internet, unter der links angegebenen Telefonnummer oder im Veranstaltungskalender der Münchner Tageszeitungen unter der Rubrik „Kinder".

Mathematik zum Anfassen gibts im Kinder- und Jugendmuseum

4 München – Münchner Feuerwehrmuseum

Alte Spritzenwagen, Uniformen und sogar einen ausgebrannten U-Bahn-Wagen findet man im Münchner Feuerwehrmuseum, das von der Branddirektion der Stadt München in der Hauptfeuerwache eingerichtet wurde. In die Frühzeit der Feuerwehr führen die ersten beiden Räume des Museums. Anhand von Modellen alter Löschfahrzeuge, Uniformen, Rauchhelmen und Hydranten erfährt man, wie die Feuerwehr vor hundert Jahren bei Bränden ausrückte. Original nachgebaut ist die Stube eines der Turmwächter, der damals bei Bränden mit der Fahne die Gefahr signalisierte. Im Raum links vom Eingang ist die Fernmeldezentrale von 1912 zu sehen, die bis 1965 in Betrieb war. Vom kunstvoll verschnörkelten Pasinger Hauptfeuermelder von 1910 bis zu den heutigen Modellen sind die verschiedensten Ausführungen der Gefahrenmelder ausgestellt.

Vor hundert Jahren rückte die Feuerwehr noch mit Handdruckspritzen aus, die von Pferden gezogen wurden

Toureninfos:

Münchner Feuerwehrmuseum
An der Hauptfeuerwache 8
80331 München
Telefon: 0 89/23 53-31 86
www.feuerwehr.muenchen.de
(Pressestelle anklicken)

Samstag: 9.00 bis 16.00 Uhr

Eintritt frei

Das Feuerwehrmuseum liegt in der Innenstadt von München. Begrenzte Parkmöglichkeit in den umliegenden Straßen oder in einem der Parkhäuser.

U-Bahn: Station Sendlinger Tor. Von dort sind es nur wenige Minuten zu Fuß zum Museum.

Im Untergeschoss befinden sich die Arbeitsgeräte der Wehren, eine seltene Kollektion historischer Feuerlöscher, Atemschutzgeräte, Feuerschutzanzüge und Tauchgeräte. Der Brand eines U-Bahn-Triebwagens im Bereich des Königsplatzes am 5. September 1983 wird in einem extra Raum dokumentiert.

Historische und moderne Feuermelder haben eines gemeinsam – sie sind immer rot

5 München - Münchner Stadtmuseum

Das Münchner Stadtmuseum beherbergt zwei ständige Ausstellungen, die Kinder interessieren: Das Puppentheatermuseum und das Musikinstrumenten-Museum.

Puppentheatermuseum:

Die zauberhafte Märchenwelt der Puppenspieler zieht Kinder und Erwachsene gleichermaßen in ihren Bann. Vom klassischen Kasperl bis zu indonesischen Schattenspielfiguren reicht die Palette der Puppen, die hier ausgestellt sind. Viele der Puppen mit ihren ausdrucksstarken Gesichtern und fantasievollen Kostümen sind wahre Kunstwerke. Auch vollständig aufgebaute Puppentheaterbühnen, wie das Münchner Marionettentheater von 1908 sind zu sehen. Mit seinen etwa 50.000 Sammlungsobjekten und einer Bibliothek von etwa 10.000 Bänden ist das Puppentheatermuseum weltweit als bekanntes Fachmuseum

Jahrmarkt-Atmosphäre von anno dazumal kann man im Münchner Stadtmuseum schnuppern

➤ Toureninfos:

i Münchner Stadtmuseum
St.-Jakobs-Platz 1, 80331 München
Telefon: 0 89/2 33-2 23 70
www.stadtmuseum-online.de

Täglich außer Montag:
10.00 bis 18.00 Uhr
(Musikinstrumenten-Museum:
Dienstag bis Freitag ab 12 Uhr)
Geschlossen: Heilig Abend, Silvester

€ Erwachsene: 4.- €
Kinder ab 6 Jahren: 2.- €
Familienkarte: 6.- €
An Sonn- und Feiertagen Eintritt frei
(außer Wechselausstellungen)

P Parkmöglichkeit in den Parkhäusern der Innenstadt.

H S- und U-Bahn: Station Marienplatz oder Sendlinger Tor

anerkannt. Auf einen alten Jahrmarkt versetzt fühlt man sich im angeschlossenen Schausteller-Museum. Hier sind Höhepunkte aus über 180 Jahren Oktoberfest versammelt. Figuren eines fast hundert Jahre alten Kinderkarussells, die Wurfhalle „Runter mit dem Zylinder", eine „klassische" Schießbude und Geisterbahnfiguren verbreiten Kirmesstimmung. Nur für abgebrühte Naturen empfiehlt sich der Besuch des Horror-Panoptikums, das in früheren Zeiten auf den Jahrmärkten für Unterhaltung sorgte.

Musikinstrumenten-Museum:
Für Schulkinder, die bereits ein Instrument lernen, ist ein Besuch im Musikinstrumenten-Museum eine Bereicherung. Hier können sie sehen, welch vielfältige Instrumente die Menschen in den letzten Jahrhunderten rund um den Erdball geschaffen haben. Erster Blickfang sind die großen afrikanischen Elefantenhörner und die Trommeln.

Durch ihre exotischen goldenen Verzierungen fallen die Instrumente aus Ostasien auf. Aber auch einfache Gegenstände, denen die Völker der verschiedenen Kulturen Töne entlocken können, sind zu sehen: So zum Beispiel Schneckenquerhörner, die in Neuguinea aus großen Meeresschnecken hergestellt werden.

Im europäischen Teil der Sammlung wird gezeigt, wie klassische Instrumente im Lauf der Jahrhunderte ihre Form gewechselt haben. Für das Auge besonders beeindruckend ist die Sammlung verschiedenster Harfen. Zusammen mit den Dauerleihgaben des Bayerischen Nationalmuseums zählt das Musikinstrumenten-Museum zu den wenigen großen Sammlungen dieser Art von internationalem Rang.

Früher erschreckte King Kong die Kinder auf dem Oktoberfest – jetzt steht er zahm im Schausteller-Museum

6 München - Schatzkammer der Residenz

Goldene Kronen, funkelnde Schwerter und kostbarer Schmuck - das sind Kunstwerke, die auch Kinder begeistern. In der Schatzkammer der Münchner Residenz sind Kostbarkeiten zu bestaunen, die das Fürstengeschlecht der Wittelsbacher in vielen Jahrhunderten zusammengetragen hat.

Ausgestattet mit einem Audioguide, der auf Wunsch zu jedem Ausstellungsstück ausführliche Informationen gibt, geht es auf Entdeckungsreise durch eine der bedeutendsten Schatzkammern Europas. Eines der Prunkstücke ist die über und über mit Edelsteinen besetzte Statue des Heiligen Georg. Er ist der Schutzpatron des Hauses Wittelsbach und auch der Münchner Residenz. Daher darf er

Der heilige Georg ist der Schutzpatron der Wittelsbacher. Er darf nicht aus der Residenz entfernt werden

Toureninfos:

i Schatzkammer in der Residenz
Residenzstr. 1, 80333 München
Telefon: 089/29 06 71
www.schloesser.bayern.de

1. April bis 15. Oktober:
9.00 bis 18.00 Uhr;
16. Oktober bis 31. März:
10.00 bis 16.00 Uhr
Geschlossen: 1. Januar, Faschingsdienstag, 24., 25. und 31. Dezember

€ Erwachsene: 6.- €
(inklusive Audioguide)
Kinder bis 18 Jahre frei

P Tiefgarage am Max-Joseph-Platz oder Marstallplatz

H S- und U-Bahn, Station Marienplatz

Ein Kunstwerk aus Gold und Edelsteinen: Die Krone einer englischen Königin von 1370

auch auf keinen Fall aus der Residenz entfernt werden.

Natürlich ist hier auch die echte Krone der bayerischen Könige zu bewundern. Sie ruht auf einem Prunkkissen, umgeben von den anderen Kroninsignien des Königreichs Bayern, wie dem Zepter und dem Reichsschwert. Ob Schmuckkassette oder Teeservice, Schachspiel oder Goldpokal – alle ausgestellten Stücke sind Meisterwerke, die aus edelsten Materialien mit viel Liebe zum Detail gefertigt wurden. Ein wahres Kleinod ist der „Beauty-Case" der Kaiserin Marie Luise von Österreich, der zweiten Frau Napoleons. In einer Kassette aus Ebenholz ist alles enthalten, was eine Kaiserin auf Reisen braucht: vom Parfümfläschchen über das Speiseservice bis hin zum Zahnarztinstrument. Und alles natürlich aus Gold, Elfenbein oder Schildpatt.

Mit größeren Kindern kann man auch den relativ langen Rundgang durch die prunkvollen Räume der Residenz unternehmen.

7 München – Krippensammlung im Bayerischen Nationalmuseum

Weihnachtliche Stimmung ohne Kitsch und Kommerz kann man im Bayerischen Nationalmuseum erleben. Rund 250 Krippen werden hier in liebevoll arrangierten, beleuchteten Schaukästen präsentiert.

Dabei wurde auch an kleine Besucher gedacht: Damit sie alles gut sehen können, sind vor den Schaukästen extra Stufen gebaut worden.

Der Schwerpunkt der Krippensammlung, die im Untergeschoss des Baye-

Die Weihnachtsferien sind die ideale Zeit für einen Besuch des Krippenmuseums

Toureninfos:

i Krippensammlung im
Bayerischen Nationalmuseum
Prinzregentenstraße 3
80538 München
Telefon: 0 89/2 11 24-01
www.bayerisches-nationalmuseum.de

November bis März:
Täglich außer Montag: 10.00 bis 17.00 Uhr; Donnerstag: 10.00 bis 20.00 Uhr
In den Sommermonaten auf Anfrage geöffnet. An verschiedenen Feiertagen geschlossen. Aktuelle Infos dazu im Internet oder telefonisch.

€ Erwachsene: 5.- €
Kinder bis 18 Jahre frei.
An Sonntagen freier Eintritt.

P Parkplatz hinter dem benachbarten „Haus der Kunst"

H Straßenbahnlinie 17 und Bus 100 (Museenlinie): Haltestelle direkt beim Museum, U4 und U5: Station Lehel, knapp 10 Minuten zu Fuß zum Museum

rischen Nationalmuseums untergebracht ist, liegt bei Krippen aus dem 18. Jahrhundert. Viele Exponate stammen aus Neapel, der Hauptstadt der Krippenbauer. Besonders beeindruckend sind die mit viel Liebe zum Detail geschnitzten Figuren. Aber auch die Näherinnen der winzigen Kostüme standen in ihrer Fertigkeit den Schnitzern in nichts nach. Sehenswert wird die Ausstellung vor allem durch das Arrangement der Figuren in naturgetreuen Szenerien - so wird zum Beispiel das Leben in einer süditalienischen Marktstraße in einem 10 Meter (!) breiten Schaukasten gezeigt. Bei den klassischen Krippen beeindruckt vor allem die kunstvolle Palastkrippe, die zum großen Teil aus der Krippe König Karls III. von Neapel aus dem 18. Jahrhundert stammt.

In München sind die schönsten Krippen der Welt zu sehen - viele stammen aus Neapel, der Hauptstadt des Krippenbaus

8 München - Museum Mensch und Natur

Das Museum Mensch und Natur zählt zu den am meisten besuchten Museen Bayerns - und das nicht ohne Grund: die anschauliche Präsentation und die vielen Spielstationen vermitteln das Thema Naturkunde als Erlebnis, was Kindern natürlich prima gefällt.
Die Ausstellungen spannen einen weiten Bogen von der Geologie bis zur Biologie. Im Erdgeschoss geht es zuerst um den „unruhigen Planet Erde". Zur Einstimmung ist in einem großen Diorama eine Landschaft nachgebildet, die vor vier Milliarden Jahren auf der Erde typisch war. Mit Hilfe von Schaukästen und vielen kurzen Videofilmen wird hier unter anderem erklärt, wie Vulkanismus und Wetter die Gestalt der Erde prägten. Wunderschöne bunte Kristalle und die Nachbildungen der berühmtesten Diamanten gibt es in der „Bunten Welt der Minerale". Die Evolution ist das Thema der Ausstellung „Geschichte des Lebens". Mit Hilfe modernster Museumspädagogik wird gezeigt, wie sich das Leben auf der Erde entwickelt hat. Landschaften aus den verschiedensten Erdepochen mit ihren typischen Bewohnern sind in beleuchteten Schaukästen nachgebildet.

Toureninfos:

Museum Mensch und Natur
Schloss Nymphenburg
80638 München
Telefon: 0 89/17 95 89-0
www.musmn.de

Täglich außer Montag:
9.00 bis 17.00 Uhr
Geschlossen: Faschingsdienstag, 24., 25. und 31. Dezember

Erwachsene: 2.50 €
Kinder unter 15 Jahren in Begleitung Erwachsener frei, freier Eintritt für alle am Sonntag

Parkplatz am Schloss Nymphenburg, das Museum befindet sich im rechten Seitenflügel des Schlosses.

Straßenbahnlinie 17 und Bus 51: Haltestelle Schloss Nymphenburg

Schloss Nymphenburg und Marstallmuseum (Tour 21), Botanischer Garten (Tour 22) und Hirschgarten (Tour 23)

So erfährt man zum Beispiel, dass vor 15 Millionen Jahren hier in Bayern Krokodile und Elefanten in dichten Sumpfwäldern lebten.
Am beliebtesten bei jungen Besuchern ist die „Spielerische Naturkun-

Interaktive Fragespiele sind der absolute „Hit für Kids" im Museum Mensch und Natur. Dabei können auch Eltern eine ganze Menge lernen

de – nicht nur für Kinder" im Obergeschoss. An zahlreichen Stationen kann man hier bei interaktiven Frage- und Antwortspielen Tierarten bestimmen, Vogelstimmen zuordnen, giftige von ungiftigen Pilzen unterscheiden und vieles mehr. Nicht nur die Kinder sind bei diesen Fragen gefordert – auch Eltern können hier noch viel lernen.

Ein gläserner Mensch, bei dem auf Knopfdruck ein bestimmtes Organ aufleuchtet, ist in der Abteilung „Wohl bekomms – Nahrung für den Menschen" zu sehen. Sehr interessant sind auch die Bilder von Familien aus aller Welt, die mit einer Auswahl ihrer typischen Nahrungsmittel fotografiert sind.

Blickfang der Ausstellung „Nerven und Gehirn" ist ein Großmodell des menschlichen Gehirns, an dem einige Funktionsbereiche durch Knopfdruck beleuchtbar sind. Informationen dazu gibt es auf dem ringsum angeordneten Pult. Das Reflexzentrum im Hirnstamm kann man bei einem Selbstversuch zum Pupillenreflex testen. Zum Thema Lernen wird ein Labyrinth-Spiel angeboten.

Der Komiker Otto Waalkes stellt aus seiner Sicht sehr überzeugend dar, wie es im Gehirn zugeht.

Zur Stärkung steht die Cafeteria im Erdgeschoss bereit. Mitgebrachte Speisen können im Brotzeitraum verzehrt werden.

9 München - Spielzeugmuseum

Die muss man einfach mögen - Teddys im Münchner Spielzeugmuseum

Die meisten Kinder können es sich zwar nicht so recht vorstellen - aber auch Opa und Oma waren einmal Kinder, die begeistert mit Teddybären und Autos spielten. Wie die Spielsachen der Großeltern damals ausgesehen haben, können die Enkel im Spielzeugmuseum im alten Rathausturm erfahren. Kaum ist man auf der schmalen Wendeltreppe in den altehrwürdigen Rathausturm aufgestiegen, lässt man die hektische Betriebsamkeit des Münchner Marienplatzes hinter sich und taucht in die Welt von damals ein. Dicht an dicht steht in den Vitrinen alles, was Omas und Opas Herz einmal höher schlagen ließ: Puppenküchen mit jeder Menge winziger Töpfe, Pfannen, Tellern und Schüsseln, eine Märklin-Eisenbahn von 1920, Spielzeug-Autos, die heute Oldtimer sind, ein Indianer-Dorf, eine Mi-

➤ Toureninfos:

i Spielzeugmuseum
im Alten Rathausturm,
Marienplatz 15, 80331 München,
Telefon: 0 89/29 40 01
www.spielzeugmuseum-muenchen.de

Täglich 10.00 bis 17.30 Uhr;
geschlossen: Heiligabend und Faschingsdienstag.

€ Erwachsene: 3.- €
Kinder ab 4 Jahren: 1.- €
Familienkarte: 6.- €

P Wegen der Innenstadtlage keine Parkmöglichkeit beim Museum. Der alte Rathausturm liegt am östlichen Ende des Marienplatzes, Richtung „Tal", Isartor.

H U- und S-Bahn: Station Marienplatz

niatur-Schule mit winzigen Steiff-Teddybären, ein Zoo von 1930 und vieles, vieles mehr.
Am beeindruckendsten ist die große Teddy-Parade im obersten Stockwerk des kleinen Museums: Kaum ein Bär, dem man nicht ansieht, wie sehr er von „seinem" Kind geliebt worden ist. Gerade weil sie so abgeliebt sind, sind sie so sympathisch. Ihr Ausdruck ist nicht zu vergleichen mit dem heutiger, neuer Bären.

Im dritten Stock sollte man nicht nur die Dampfmaschinen und Karussells bewundern, sondern auch einmal aus dem Fenster schauen: Von hier oben bietet sich ein herrlicher Blick auf den Marienplatz.

Opas Spielzeugeisenbahn - heute noch genauso attraktiv wie damals

10 München - Paläontologisches Museum

Sobald sich Kinder für Dinosaurier und die Urzeit interessieren, ist der Besuch des Paläontologischen Museums ein voller Erfolg. Denn hier gibt es echte Skelette der Tiere, die man meist nur aus dem Bilderbuch und Fernsehen kennt.

Empfangen werden die Besucher im Lichthof des ehrwürdigen Museums von dem Skelett eines Urelefanten, der vor 10 Millionen Jahren in Oberbayern lebte. Gleich dahinter stehen der Raubsaurier Prestosuchus mit seinem mächtigen Gebiss sowie das riesige Kopfskelett von Triceratops, dem Dreihornsaurier. Neben weiteren Sauriern beeindrucken die Kids auch der eiszeitliche Hirsch und der Höhlenbär.

Im ersten Obergeschoss ist die Stammesgeschichte des Menschen anschaulich dokumentiert. Das Prunkstück des Museums befindet sich im zweiten Obergeschoss: ein echtes Exemplar des Urvogels Archaeopterix, der das Bindeglied in der Evolution vom Saurier zu den Vögeln repräsentiert. Damit man sich vorstellen kann, wie Archaeopterix vor 150 Millionen Jahren aussah, haben die Wissenschaftler ein gefiedertes Modell rekonstruiert. Daneben gibt es das „Fossil des Monats" sowie wechselnde Sonderausstellungen.

➤ Toureninfos:

i Paläontologisches Museum
Richard-Wagner-Straße 10
80333 München
Telefon: 0 89/21 80 66 30
www.palaeo.de/museum-muenchen

Montag bis Donnerstag:
8.00 bis 16.00 Uhr,
Freitag: 8.00 bis 14.00 Uhr,
1. Sonntag im Monat:
10.00 bis 16.00 Uhr
(Führungen und Diaschau),
an Feiertagen geschlossen.

€ Der Eintritt ist frei

P Sehr begrenzte Parkmöglichkeiten in den umliegenden Straßen

H U2 und U8 bis Königsplatz

Das Skelett eines 10 Millionen Jahre alten Ur-Elefanten empfängt die Besucher im Lichthof des Paläontologischen Museums

11 München - Volkssternwarte

So macht Astronomie den Kids viel Spaß: Bei der Kindervorstellung in der Volkssternwarte können sie durch ein Fernrohr schauen, am Planetariumshimmel die Sternbilder kennen lernen und an anschaulichen Modellen viel über das Sonnensystem erfahren. Dabei wird es keinem langweilig, denn die Führer Rainer Bönninghausen, Peter Stäppmayer und Alexander Krafft erzählen spannend und beziehen die Kinder immer in ihre Erklärungen mit ein. Es gibt wohl keine Kinderfrage, auf die sie nicht die passende Antwort wissen.

Die Bayerische Volkssternwarte München e.V. wurde 1947 gegründet und ist ein gemeinnütziger Verein mit rund 600 Mitgliedern. Ziel der engagierten Mitarbeiter ist es, einer breiten Öffentlichkeit astronomisches Wissen in allgemeinverständlicher Form zu vermitteln. Finanziell unterstützt wird der Verein von der Landeshauptstadt München. Einen Teil seiner Ausgaben muss er allerdings durch Eintrittsgelder, Mitgliedsbeiträge und Spenden selbst bestreiten. Am Anfang der knapp zweistündigen Kindervorstellung wird der Ausstel-

Toureninfos:

i Bayerische Volkssternwarte München e.V.
Rosenheimer Straße 145 h
81671 München, Tel.: 0 89/40 62 39
www.sternwarte-muenchen.de

Kindervorstellungen jeden 1. und 3. Freitag im Monat um 17.00 Uhr, in den bayerischen Sommerferien an jedem Freitag um 17.00 Uhr.
Abendführung „Münchner Sternstunden" für Erwachsene und größere Kinder:
September bis März:
Montag bis Freitag um 20.00 Uhr
April bis August:
Montag bis Freitag um 21.00 Uhr

€ Beide Führungen je:
Erwachsene: 4.- €, Kinder: 2.50 €

P Parkmöglichkeiten in der Rosenheimer und Anzinger Straße. Durch den Eingang Rosenheimer Straße 145 h gelangt man in einen Innenhof, die Volkssternwarte liegt im Hinterhaus.

H Von der U- und S-Bahnstation Ostbahnhof mit den Buslinien 55, 145, 155 oder N45 zur Haltestelle Anzinger Straße

lungsraum besichtigt. Hier präsentiert die Volkssternwarte unter anderem eine Sammlung von Meteoriten, darunter auch Teile eines 4 Milliarden Jahre alten Eisenmeteoriten, der 1838 in Namibia niedergegangen ist. Alle dürfen den ungewöhnlich schweren Meteoriten in die Hand nehmen, während der Führer viel Interessantes über die Steine, die vom Himmel fallen, erzählt. Da erfahren auch die Eltern viel Neues, genauso wie bei der Erklärung des Modells des Sonnensystems. Oder wer weiß schon, wie dick der Ring des Saturn ist und dass es auf der Venus Schwefelsäure regnet?

Danach geht es hinauf aufs Dach der Sternwarte, wo in einer Kuppel das große Fernrohr steht. Im Sommer können die Kinder hier die Sonne beobachten, deren Bild auf einen weißen Bildschirm projiziert wird. Dabei erfahren sie viel Wissenswertes über den riesigen Feuerball, der das Leben auf der Erde erst ermöglicht. So komplizierte Phänomene wie Sonnenflecken oder Sonnenwind werden anschaulich erklärt.
Da es im Winter bei den Führungen schon dunkel ist, kann man dann mit dem Fernrohr die Sterne und den Mond beobachten. Besonders eindrucksvoll ist die Demonstration, wenn am Himmel auch Planeten zu sehen sind.
Zum Abschluss werden alle Besucher in das kleine Planetarium gebeten. Zuerst sieht man den Himmel über München in der Dämmerung. Dann geht auf dem Planetariumshimmel langsam die Sonne unter, und die Sterne werden sichtbar – es ist genau das gleiche Bild, das man an dem jeweiligen Tag auch am Himmel selbst beobachten könnte. Jetzt dürfen auch die Kinder mitraten. Wo ist denn der große Wagen? Anschaulich wird erklärt, wie die Kinder in Zukunft dieses Sternbild selbst finden können. Man erfährt auch, wo der Polarstern liegt, nach dem man sich gut orientieren kann.

Tipp

Abends bietet die Volkssternwarte das Programm „Münchner Sternstunden" an, mit Besuch der Sternwarte, des Ausstellungsraums und des Planetariums. Diese Führung ist auch für Kinder ab acht Jahren geeignet und nicht so voll wie die Kindervorstellung.

12 Münchner Marionettentheater

Schon seit über 140 Jahren lassen sich Kinder vom Kasperl Larifari im Münchner Marionettentheater begeistern. Und damals wie heute üben die Marionetten einen ganz besonderen Reiz auf ihre kleinen Zuschauer aus. Gegründet wurde es im Jahr 1858 von Josef Leonhard Schmid, dem legendären "Papa Schmid".

Er suchte und fand Unterstützung für sein Theater-Projekt bei Franz Graf Pocci, der damals als Zeremonienmeister, Hofmusikintendant und Oberstkämmerer am Königlichen Hof tätig war. Neben diesen vielen Aufgaben schrieb Pocci mit Leidenschaft Komödien für das Kasperltheater. Er schuf die unverwechelbare Figur des Kasperl Larifari, der bis heute eine der Hauptpersonen des Münchner Marionettentheaters geblieben ist. (An Poccis Schloss in Ammerland kommt man übrigens auf der Radeltour am Ostufer des Starnberger Sees vorbei: Tour 40).

Nachdem Papa Schmid jahrzehntelang mit seinem Theater von einer Behelfsunterkunft in die nächste gezogen war, konnte er im Herbst des

Toureninfos:

i Münchner Marionettentheater
Blumenstraße 32, 80331 München
Telefon: 089/26 57 12
Fax: 0 89/23 07 73 80
www.muenchner-marionettentheater.de
Kartenvorverkauf: an der Theaterkasse täglich (außer Montag) von 10.00 bis 12.00 Uhr oder per Telefon (Anrufbeantworter), Fax oder E-Mail rund um die Uhr.

€ Nachmittags: Erwachsene: 8.- €, Kinder: 6.- € (Auf allen Plätzen gleiche Preise, es empfiehlt sich daher, rechtzeitig Plätze in den vorderen Reihen zu reservieren);
Abends:
Erwachsene: 15.- €
Jugendliche: 10.- €

P BP-Parkhaus am Oberanger (Jakobsplatz)

H U-Bahn: Station Sendlinger-Tor-Platz oder Fraunhoferstraße

Kleine Stars an langen Fäden – die kleine Hexe und ihr Rabe Abraxas im Münchner Marionettentheater

Jahres 1900 das eigens für das Marionettenspiel erbaute Theater in der Blumenstraße beziehen. Hier ist es auch heute noch beheimatet. Nachmittags stehen im Marionettentheater meistens Kasperlstücke und Märchen auf dem Programm. Bei den Abendvorstellungen am Samstag werden in „Münchens kleinstem Opernhaus" vor allem Opern wie „Die Zauberflöte" oder Stücke von Carl Orff aufgeführt. Das Programm ist im Veranstaltungsteil der Münchner Tageszeitungen abgedruckt. Der Telefonanrufbeantworter informiert bei Anruf über die nächsten Vorstellungen.

Tipp

Graf Pocci, der Schöpfer des Kasperl Larifari, lebte am Starnberger See. Bei einer Radtour entlang des Ostufers kann man in Ammerland sein Schloss sehen (Tour 40).

13 München - Münchner Theater für Kinder

Ein Theaterbesuch ist nicht nur für Erwachsene ein besonderes Erlebnis - auch die Kids sind fasziniert von den „Brettern, die die Welt bedeuten". Sehr liebevoll inszeniert und kindgerecht präsentiert werden die Stücke im Münchner Theater für Kinder. Gebannt verfolgen die kleinen Zuschauer das Geschehen auf der Bühne und freuen sich riesig, wenn die Schauspieler sie durch Fragen ins Geschehen mit einbeziehen.

Und wenn es ganz spannend wird, warnen die Kinder auch lautstark vor dem auftauchenden Bösewicht.

Im Münchner Theater für Kinder stehen Stücke für Vier- bis Zwölfjährige auf dem Programm. Das Repertoire umfasst bekannte Märchen, aber auch Stücke von Janosch und Otfried Preußler.

Für größere Kinder werden auch anspruchsvollere Stücke gegeben.

So waren schon „Das Gespenst von Canterville" von Oscar Wilde oder „Die kleine Zauberflöte" nach der Oper von Wolfgang Amadeus Mozart auf dem Spielplan. Was gerade auf dem Programm steht, erfährt man aus der Tagespresse oder im Internet.

Toureninfos:

i Münchner Theater für Kinder
Dachauer Straße 46, 80335 München
Tel.: 0 89/59 54 54 oder 0 89/59 38 58
(telefonische Vorbestellung:
Mo. bis So. 10.00 bis 17.30 Uhr).
www.kindertheater-muenchen.de

€ Karten von 6.70 bis 8.20 €
Kinder und Erwachsene zahlen den gleichen Preis.

P Wegen der zentralen Lage nur wenige Parkmöglichkeiten in der Nähe des Theaters

H U1: Station Stiglmaierplatz,
Ausgang Brienner-/Dachauer Straße
(1 Min. zum Theater);
vom Hauptbahnhof, Ausgang Dachauer Straße, rund 10 Minuten zu Fuß

14 München - Billes Marionettenbühne

Ein Besuch in Otto Billes Marionettenbühne ist wie eine Reise in die Vergangenheit. Die klassischen Märchen aus der Kinderzeit werden hier in einer nostalgischen Atmosphäre präsentiert, so dass man sich in die gute alte Zeit versetzt fühlt.

Otto Bille stammt aus einer alten Puppenspielerfamilie. Bereits 1794 zog sein Urahn Johann Heinrich Bille mit einer Wanderbühne durch die Lande.

Vor über 15 Jahren kam Otto Bille aus der damaligen DDR nach München, wo er das kleine Theater ausbaute, in dem heute die Vorstellungen stattfinden. Alle Puppen, die auf der Bühne agieren, hat er gemeinsam mit seiner Frau angefertigt und die beiden sind es auch, die die Puppen auf der Bühne zum Leben erwecken und ihnen ihre Stimme geben. Hier kommt nichts aus der Konserve.

Fünfzehn Märchen zählen zum Repertoire des Theaters, darunter so bekannte wie Rumpelstilzchen, die Bremer Stadtmusikanten, der gestiefelte Kater oder Brüderchen und Schwesterchen. In der Weihnachtszeit wird die Weihnachtswunschlaterne gespielt; ein Stück, das Otto Bille selbst geschrieben hat.

Toureninfos:

Billes Marionettenbühne
Otto Bille
Bereiteranger 15, Nähe Mariahilfplatz
81541 München
Eintrittskartenvorbestellung
unter Telefon: 0 89/1 50 21 68

Der Spielplan ist in den Münchner Tageszeitungen abgedruckt.

Erwachsene und Kinder auf allen Plätzen: 5.- €

Parkplatz am Mariahilfplatz

U-Bahn U1, U2 und U7:
Station Fraunhoferstraße
Straßenbahnlinie 27 und Buslinie 52:
Haltestelle Mariahilfplatz

Planetenweg (Tour 25)
und Rosengarten (Tour 26)

15 München - Kleines Theater im Pförtnerhaus

Kasperl ist und bleibt der Liebling der Kinder - daher spielt er auch die Hauptrolle in den meisten Stücken, die im kleinen Theater im Pförtnerhaus gespielt werden. Das Handpuppentheater, das im Bürgerpark Oberföhring oberhalb der Isarauen liegt,

Immer beliebt - Kasperl und seine Freunde

hat sein Programm für Kinder von drei bis neun Jahren konzipiert.

Geleitet wird das Theater von der ehemaligen Vorschulpädagogin Liselotte Bothe, die auch die Stücke selbst schreibt. Ein Körnchen Pädagogik ist immer mit drin, z.B. wenn in dem Stück „Kasperl auf dem Kinderfest oder Geh nicht mit mit fremden Menschen" die Prinzessin vom Räuber Krampfl verschleppt wird und nur mit Hilfe des Kasperl und der Kinder wie-

Toureninfos:

i Kleines Theater im Pförtnerhaus
Bürgerpark Oberföhring
Oberföhringer Str. 156
81925 München
Kartenvorbestellung unter
Telefon: 0 89/95 31 25
www.kasperlbuehne.de

Zeiten: Ende September bis Beginn der Sommerferien (außer in den Schulferien): reguläre Vorstellungen Sonntag 11.00 und 15.00 Uhr, bis Pfingsten auch Mittwoch um 15.00 Uhr

€ Erwachsene und Kinder jeweils 5.20 €
Zehnerblock 45.- €

P Oberföhring liegt im Norden von München, Parkmöglichkeiten im Bürgerpark

H U-Bahn U4 bis Station Richard-Strauss-Straße, von dort weiter mit Bus 188 bis Haltestelle Bürgerpark Oberföhring, Straßenbahn 17 oder 18 oder Bus 54, 154, 187 bis Haltestelle Herkomerplatz, von dort weiter mit Bus 188 bis zum Bürgerpark. Ebenfalls Anschluss an Bus 188 haben Bus 189, S8 Halt Daglfing, Bus 159 Daphnestraße, Bus 50 Feringastraße und Bus 231 Siedlerstraße und St. Emmeram

der befreit werden kann. Der Spaß kommt aber nie zu kurz, es gibt keine Belehrungen mit erhobenem Zeigefinger. Unterstützt wird Liselotte Bothe von ihrer Familie und einer weiteren Puppenspielerin.

Alle Puppen und Kulissen wurden in Eigenarbeit gefertigt, was dem Theater einen besonderen Charme verleiht.
Nach der Aufführung kann man vom Theater aus direkt auf einem Fußweg ins Grüntal zur Isar ans Stauwehr spazieren und - wenn man Lust hat - bis zum Aumeister wandern. In der Nähe des Theaters gibt es auch einen riesigen Spielplatz für Kinder aller Altersstufen. Man erreicht ihn nach fünf bis zehn Minuten, wenn man auf der Oberföhringer Straße stadteinwärts geht.
Nach Anmeldung werden auch Kindergeburtstage organisiert. So können die Kinder z.B. nach der Aufführung im kleinen Theatercafé mit frischen Waffeln bewirtet werden. Je nach Alter gibt es dazu ein kleines Programm mit Drehorgel, Seifenblasenmaschine oder verschiedenen Kinderspielen.

Tipp

Anmeldungen für Kindergeburtstage werden unter Telefon 089/98 62 34 entgegengenommen.

Alle Stücke, die im Kleinen Theater im Pförtnerhaus aufgeführt werden, schreibt die ehemalige Vorschulpädagogin Liselotte Bothe selbst

16 München - Schauburg - Theater der Jugend

Die Schauburg ist eines der renommiertesten Kinder- und Jugendtheater in Deutschland. Mit seiner modernen Bühnentechnik und der Erfindung neuer theatraler Formen ist es richtungsweisend für die gesamte Szene der Jugendtheater. Die Inszenierungen orientieren sich am Lehrplan der Schulen, da mehr als die Hälfte der Vorstellungen vormittags für Kindergärten und Schulen gegeben werden.

Rund 300 Aufführungen werden in dem Kinder- und Jugendtheater der Stadt München pro Jahr gespielt. Zum Repertoire gehören Stücke für alle Altersgruppen, wie z. B. „Annabella Klimperauge" und „Der Bär sucht einen Freund" ab vier Jahren, „Hänsel und Gretel" ab sechs Jahren oder „Die Weber" für Jugendliche. Die Theaterleitung bittet darum, unbedingt auf die Altersangaben bei den Stücken zu achten, damit die Vorstellungen für alle ein Vergnügen sind.

Toureninfos:

i Schauburg–Theater der Jugend
am Elisabethplatz
Franz-Josef-Str. 47, 80801 München
Kassentelefon: 0 89/2 33-3 71 71
telefonischer Kartenvorverkauf:
Montag bis Freitag: 9.30 bis 18.00 Uhr
Samstag: 12.00 bis 17.30 Uhr
www.schauburg.net

Das Programm ist in den Münchner Tageszeitungen abgedruckt und im Internet verfügbar.

€ Vor- und Nachmittagsvorstellungen:
Erwachsene: 6.00 €, Kinder und Jugendliche bis 18 Jahre: 4.00 €; keine nummerierten Plätze, Preise einschließlich Fahrberechtigung im gesamten MVV-Gebiet

P Das Theater liegt im Herzen von Schwabing, daher kaum Parkmöglichkeiten

H U-Bahn U3 oder U6,
Station Giselastraße;
U2 Station Josephsplatz;
Straßenbahnlinie 27,
Haltestelle Elisabethplatz

17 München - Circus Krone

Eine Eintrittskarte in den Circus Krone ist für alle Kinder ein ganz besonderes Geschenk: Clowns und Artisten, Elefanten und Raubtiere in der Manege sind Eindrücke, von denen die Kids noch wochenlang begeistert erzählen.

Vom 25. Dezember bis Ende März ist der größte Circus Europas alljährlich in seinem Stammsitz in München zu sehen - im Circus-Krone-Bau, dem größten Circusgebäude Europas, das über 3.000 Sitzplätze verfügt. Im monatlichen Wechsel werden drei völlig verschiedene internationale Circusprogramme präsentiert. Gegründet wurde der traditionsreiche Circus im Jahr 1905 von Carl Krone. Heute leitet Christel Sembach-Krone in der 4. Generation das Familienunternehmen.

Für seine vorbildliche Tierhaltung verlieh der Münchner Tierschutzverein dem Circus übrigens die goldene Ehrennadel.

An Sonn- und Feiertagen kann man während der Winterspielzeit ab 10.00 Uhr den Krone-Zoo besuchen.

Elefanten - die größten Stars in der Manege des Circus Krone

Toureninfos:

i Circus Krone
Zirkus-Krone-Str. 1-6, 80335 München
Telefonische Kartenreservierung:
Telefon: 089/5 45 80 00
www.circus-krone.de

Vorstellungen im Circus-Krone-Bau in München vom 1. Weihnachtsfeiertag bis Ende März

€ Erwachsene: 13.- bis 29.- €
Kinder 3-12 Jahre: 11.- bis 26.- €
Kinder unter 3 Jahren frei

P Parkplätze beim Circus-Krone-Bau vorhanden (nähe Hackerbrücke)

H S-Bahn und Straßenbahn:
Station Hackerbrücke

18 München – Olympiapark

Für Touristen aus aller Welt zählt die Besichtigung des Olympiaparks zum Standardprogramm. Aber auch Familien aus Oberbayern sollten einen Besuch nicht versäumen. Anlässlich der 20. Olympischen Spiele im Jahr 1972 gebaut, besticht der Olympiapark auch heute noch durch seine kühne Zeltdacharchitektur.

Der Olympiapark hat viel zu bieten: eine Bootsfahrt auf dem Olympiasee, die Fahrt auf den Olympiaturm oder die Besichtigung des berühmten Stadions

Idealer Startpunkt für die Besichtigung des Olympiaparks ist der Olympiaturm. Hier fährt die weiß-blaue Parkeisenbahn ab, mit der man bei einer 15-minütigen Rundfahrt bequem das gesamte Gelände kennen lernen kann.

Bei schönem Wetter sollte man sich auf jeden Fall die Auffahrt zum Olympiaturm gönnen, der mit seinen 291,28 Metern Höhe einer der höchsten Türme Europas ist. Sieben Meter pro Sekunde legen die Aufzüge zurück, die die Besucher zur geschlossenen und rundum verglasten Aussichtsplattform in 190 Metern Höhe befördern. Von hier bietet sich ein einzigartiger Rundblick auf die Zeltdächer des Olympiaparks, auf München und bis zu den Alpen. Auf der Plattform befindet sich auch das höchstgelegene Rockmuseum der Welt (Eintritt im Preis für die Auffahrt enthalten). In der Sammlung von Herbert Hauke sind signierte Gitarren von Pink Floyd oder den Rolling Stones zu finden, außerdem Goldene Schallplatten, Kleidungsstücke und Originalbriefe berühmter Rockstars (www.rockmuseum.de).

Toureninfos:

Olympiastadion: Tel: 089/3067-2707
Besucherservice des Olympiaparks
Tel: 089/3067-2414
www.olympiapark-muenchen.de

Parkeisenbahn: April bis Oktober, täglich 9.30 bis 18.00 Uhr (je nach Bedarf), Abfahrt beim Olympiaturm
Olympiastadion: täglich 9.00 bis 16.30 Uhr, an Veranstaltungstagen keine Besichtigungen.
Olympiaturm: Auffahrt täglich 9.00 bis 23.30 Uhr
Stadion-Tour: April bis Mitte Oktober: täglich 11.00 Uhr, Treffpunkt am Olympiastadion, Kasse Nord, nicht an Veranstaltungstagen.
Erlebnis-Tour: April bis Mitte Oktober: täglich 14.00 Uhr, Treffpunkt am Büro des Besucherservice beim Eissportstadion, nicht an Veranstaltungstagen

Parkeisenbahn Rundfahrt:
Erwachsene: 3.- €, Kinder: 2.- €
Olympiastadion:
Erwachsene: 2.- €, Kinder: 1.- €
Olympiaturm:
Erwachsene: 4.- €, Kinder: 2,50 €
Stadion-Tour:
Erwachsene: 5.- €, Kinder: 3.50 €
Erlebnis-Tour:
Erwachsene: 7.- €, Kinder: 5.- €

Parkplätze am Olympiastadion

U 3: Station Olympiazentrum

Wieder auf dem Erdboden angekommen, bietet sich die Besichtigung des Olympiastadions an. Der Besucherweg führt am oberen Rand der Tribünen rund ums Stadion.

Nach so viel Besichtigung ist Ausruhen angesagt. Dafür ist der Olympiasee der richtige Ort: es gibt mehrere Kioske, ein Restaurant und die Möglichkeit, Ruder- und Tretboote zu mieten. Am Ufer entlang führt der „Munich Olympic Walk of Stars", in dem sich unter anderem bereits Carlos Santana, der Dalai Lama und die Toten Hosen verewigt haben. Wer viel Zeit hat, kann jetzt noch den Olympiaberg erklimmen, zu dem viele Spazierwege hinaufführen.

Der Besucherservice des Olympiaparks bietet im Sommer zwei Besichtigungsprogramme an: Bei der einstündigen Stadion-Tour werden die VIP-Lounge, der Ehrengastbereich und die ehemaligen Umkleidekabinen des FC Bayern und TSV 1860 München im Olympiastadion besichtigt. Danach geht es in die Arena zum Torwandschießen. Die Erlebnis-Tour beinhaltet das Programm der Stadion-Tour. Zusätzlich macht man eine Fahrt mit der Parkeisenbahn und besichtigt die Olympiahalle und die Olympia-Schwimmhalle.

19 München - Allianz Arena

Die Umkleidekabine der Stars vom FC Bayern München - nicht nur für die Kinder der Höhepunkt bei der Tour durch die Allianz Arena

Spätestens seit der Fußballweltmeisterschaft kennt jedes Kind die Münchner Allianz Arena. Daher sind nicht nur Fußballfans begeistert, wenn sie einen Blick hinter die Kulissen eines der modernsten Stadien der Welt werfen können.

Zur Einstimmung gibt es einen 15-minütigen Film über Planung und Bau des knapp 70 000 Besucher fassenden Stadions. Dann geht es mit dem Guide die Treppen hinauf, wo man genau erklärt bekommt, wie die berühmte Außenfassade aufgebaut ist. Aus nächster Nähe sieht man die

➤ Toureninfos:

i Veranstalter der Führungen: Arena One GmbH, Tel.: 01805/ 555 101, www.allianz-arena.de (ArenaTours)

Führungen täglich außer an Veranstaltungs- oder Spieltagen:
November bis März:
Montag bis Samstag: 10 bis 18 Uhr,
Sonn- und Feiertage: 10 bis 17 Uhr;
April bis Oktober: 10 bis 18 Uhr,
(jeweils Beginn der letzten Führung); Weihnachten, Silvester und Neujahr keine Führungen.

€ Erwachsene: 8.- €
Kinder 7 - 12 Jahre: 4.- €

➤ Toureninfos:

P Autobahn A 9, Ausfahrt Fröttmaning Süd, parken im Parkhaus P 1, Ausgang oben, über die Esplanade zum Eingang Süd der Allianz Arena, Aufgang J 332-334 zur Markenwelt, Tickets im Allianz Arena Shop

H U 6, Station Fröttmaning, über die Esplanande in rund 10 Minuten zum Eingang Süd der Arena (weiter siehe oben)

Neonröhren, die die Arena in weiß, rot oder blau erstrahlen lassen können. Schwindelerregend ist der Blick vom dritten Rang hinunter auf das Spielfeld. Hier oben bekommt man einen bleibenden Eindruck von den riesigen Dimensionen dieses Bauwerks und erfährt viele Hintergründe und auch Amüsantes über das Stadion.

Durch den Pressebereich gelangt die Besuchergruppe ins „Allerheiligste" - die Kabinen der Spieler. Besichtigt wird der Trakt des FC Bayern München.

Man sieht, wo sich die Stars umziehen, wo sie vom Physiotherapeuten behandelt werden und wo sie duschen. Von der Kabine gehen die Besucher den Weg durch den Spielertunnel bis zur großen Klapptüre, die den Weg zum Spielfeld freigibt.

Rund 70 000 Zuschauer fasst die Allianz-Arena - eines der modernsten Stadien der Welt

20 München - Tierpark Hellabrunn

Artgerechte Haltung wird im Münchner Tierpark Hellabrunn groß geschrieben und daher ist es wirklich ein Vergnügen für die ganze Familie, hier Tiere aus aller Welt in ihren naturnahen, großzügigen Lebensräumen zu beobachten.

Betritt man den Zoo vom Flamingoeingang her, stößt man gleich auf das moderne Urwaldhaus, in dem Gorillas und Schimpansen in einer fast 2.000 Quadratmeter großen, sonnendurchfluteten Urwaldlandschaft ihre Späße machen. Im Elefantenhaus, das 1914 im byzantinischen Stil erbaut wurde und heute unter Denkmalschutz steht, leben neben den Dickhäutern auch Giraffen und Trampeltiere.

Gleich daneben liegt das Dschungelzelt, wo die Raubkatzen zu finden sind. Unter dem transparenten Dach wurde ein Nebelurwald angelegt, den tropische Vögel mit Leben erfüllen. Riesenschildkröten von den Seychellen bevölkern das Schildkrötenhaus, wo in Vitrinen auch bizarr anmutende Insekten beobachtet werden können, wie z.B. Stabheuschrecken, Vogelspinnen oder Riesentausendfüßler.

Toureninfos:

Tierpark Hellabrunn
Tierparkstraße 30, 81543 München
Tel: 0 89/62 50 80
www.zoo-munich.de

April bis September:
täglich 8.00 bis 18.00 Uhr
Oktober bis März: täglich 9.00 bis 17.00 Uhr

Erwachsene: 9.- €
Kinder ab 4 Jahren: 4.50 €

Auf dem Gelände des Tierparks gibt es mehrere Einkehrmöglichkeiten und Imbissstände.

Große Parkplätze vor dem Tierpark. In München ist der Weg zum Zoo zum Teil ausgeschildert.

Flamingoeingang:
Buslinie 52 ab Marienplatz
Isareingang:
U3, Station Thalkirchen, Zoo

Bewohner der kalten Regionen sind im Polarium zu sehen, unter anderem Eisbären, Pinguine, Seelöwen und Robben. Gruselig wird es in der Villa Dracula, einer Fledermausgrotte, wo die nachtaktiven Tiere im UV-Licht nahezu lautlos über die Köpfe der Besucher fliegen.

Neben den großen Tierhäusern gibt es auf dem Gelände in den Isarauen viele Freigehege, in denen die Tiere der verschiedenen Kontinente in Gruppen zusammenleben.
Speziell für die kleinen Besucher wurde der Kinderzoo konzipiert. Hier können die Kids Damhirsche und Zwergziegen liebkosen, auf geduldigen Haflingern reiten und viele Haustiere aus aller Welt kennen lernen. Daneben gibt es einen schattigen Biergarten und einen großen Spielplatz.

Will man zuerst den Kinderzoo besichtigen, wählt man am besten den Isareingang.
Von April bis Oktober werden verschiedene Vorführungen angeboten, wie die Dschungelpatrouille, die Flossenparade oder die gefiederte Luftakrobatik.

Viel Spaß macht es den Kindern auch, bei der Fütterung der Tiere zuzuschauen. Die Termine der Vorführungen und die Fütterungszeiten erfährt man im Internet oder an der Kasse.

Wasserspiele sind das größte Vergnügen für die Dickhäuter im Tierpark Hellabrunn

21 München - Schloss Nymphenburg und Marstallmuseum

Einen erholsamen Tag in der Welt des 18. und 19. Jahrhunderts können Eltern mit ihren Kindern in der ehemaligen Sommerresidenz der bayerischen Kurfürsten und Könige verbringen. Mit seinem weitläufigen Park, den imposanten Parkburgen und den Prunkwagen und Schlitten im Marstallmuseum bietet das Schloss Nymphenburg den Kindern viel Abwechslung.

Ein möglicher Startpunkt für den Rundgang durch die Schlossanlage ist das Marstallmuseum. Gleich im Eingangsbereich ist einer der Höhepunkte der Ausstellung zu sehen: die achtspännige Kutsche, mit der Kaiser

Der Nymphenburger Schlosspark gilt als eines der vollkommendsten Beispiele europäischer Gartenkunst

Toureninfos:

Bayerische Schlossverwaltung
Schloss Nymphenburg
80638 München, Tel.: 0 89/179 08-6 54 oder 0 89/179 08-6 60
www. schloesser.bayern.de
Es werden auch Kinderführungen nach Vereinbarung organisiert.

1. April bis 15. Oktober:
täglich 9.00–18.00 Uhr
Hauptschloss, Marstallmuseum, Magdalenenklause, Amalienburg, Badenburg.
16. Oktober bis 31. März:
täglich 10.00 bis 16.00 Uhr:
nur Hauptschloss, Marstallmuseum, Amalienburg;
geschlossen: Neujahr, Faschingsdienstag, 24., 25., und 31. Dezember

Erwachsene:
Gesamtkarte Sommer: 10.- €
Gesamtkarte Winter: 8.- €
Kinder bis 18 Jahre frei

Parkplätze vor dem Schloss

Bus 51 und Straßenbahnlinie 17:
Haltestelle Schloss Nymphenburg

Museum „Mensch und Natur" im rechten Flügel des Schlosses (Tour 8); Botanischer Garten (Tour 22), Durchgang vom Schlosspark in der Nähe der Magdalenenklause, Hirschgarten (Tour 23)

Steinerne Löwen säumen den Eingang zur Badenburg im Nymphenburger Schloss

Karl VII. im Jahre 1742 zur Krönung in Frankfurt vorfuhr.

Aber auch die anderen ausgestellten Krönungs- und Hochzeitswagen stehen in ihrem Prunk dem Wagen Karls VII. in nichts nach. Begeistert sind die Kinder von den reichverzierten Schlitten, in denen sich die Könige durch das winterliche Bayern ziehen ließen. Ludwig II. besaß für Nachtfahrten sogar einen batteriebetriebenen Schlitten.

Mit größeren Kindern sollte man sich die Besichtigung des Hauptschlosses nicht entgehen lassen – die prunkvollen Räume können auch Kids begeistern. Hauptanziehungspunkt ist der Steinerne Saal, der sich über zwei Stockwerke erstreckt und mit Stuck und Fresken reich verziert ist. Legendär ist die Schönheitengalerie König Ludwigs I., eine Sammlung von Portraits „schöner Münchnerinnen".

Vom Festsaal gelangt man in die herrschaftlichen Gemächer des Nord- und Südflügels. Am Ende des Südflügels befindet sich das Zimmer mit dem Bett, in dem am 25. August 1845 König Ludwig II. geboren wurde.

Nach dem anstrengenden Besichtigungsprogramm können sich die Kinder im Park austoben. Die breiten Wege sind auch ideal zum Kinderwagen schieben. Kleinkinder können ihr Rutschauto oder Dreirad mitbringen. Beim Bummel durch die Gartenanlage kann man die Parkburgen und die Magdalenenklause ansteuern. Stärken kann man sich im Café im Palmenhaus.

22 München - Botanischer Garten

Wie wächst der Kakao? Wo kommen die Bananen her? Wie können Pflanzen Tiere fressen? Antworten auf diese Kinderfragen finden Eltern im Botanischen Garten in München. Doch nicht nur das: In den Freianlagen und den Gewächshäusern sind so viele Pflanzen aus aller Welt zu sehen, dass die Kleinen und auch die Großen nicht aus dem Staunen herauskommen.
Die Freianlagen sind in unterschiedliche Themenbereiche gegliedert, die man bei einem gemütlichen Bummel durch die Anlagen passiert: der Schmuckhof mit seiner bunten Blütenpracht, der Rosengarten, das Arboretum mit mächtigen und exotischen Bäumen, die Moor- und

Bunte Blumen aus der ganzen Welt blühen im Botanischen Garten

Toureninfos:

Botanischer Garten
Menzinger Straße 61-65
80638 München
Telefon: 0 89/1 78 61-3 10 (Info)
0 89/1 78 61-3 50 (Eintrittskasse)
www.botanik.biologie.uni-muenchen.de /botgart

Nov., Dez., Jan. : 9.00 bis 16.30 Uhr
Feb., März, Okt.: 9.00 bis 17.00 Uhr
April und Sept.: 9.00 bis 18.00 Uhr
Mai bis Aug.: 9.00 bis 19.00 Uhr
Geschlossen: 24. und 31. Dezember
Die Gewächshäuser sind von 11.45 bis 13.00 Uhr geschlossen. Außerdem schließen sie abends eine halbe Stunde früher als die Freianlagen.

Erwachsene: 3.- €
Kinder unter 12 Jahren in Begleitung Erwachsener frei

Begrenzte Parkmöglichkeiten in den umliegenden Straßen, viele Parkplätze am benachbarten Nymphenburger Schloss

Straßenbahnlinie 17
Haltestelle Botanischer Garten

Schloss Nymphenburg mit Marstallmuseum (Tour 21)
Museum Mensch und Natur (Tour 8)

Prächtige Kakteen und tropische Pflanzen sind im Botanischen Garten zu sehen

Farnschlucht und der Rhododendrenhain, der Anfang Mai in prächtiger Blüte steht. Duftende Kräuter und Gemüsebeete findet man im Bereich der Nutz- und Arzneipflanzen, der im Stil eines alten Kräutergartens angelegt ist.

In den Gewächshäusern zeigt sich die ganze Fülle von Pflanzenformen aus Wüste, Savanne und Urwald. Für Kinder besonders interessant ist das Haus, in dem tropische Nutzpflanzen angebaut werden: Hier sehen die Kids unter anderem, wie Bananen, Kakao, Ananas und Baumwolle wachsen. Gigantische Kakteen mit bizarren Formen beeindrucken die Besucher im Mexikohaus, in den tropischen Regenwald versetzt fühlt man sich im Palmenhaus. Zu den Highlights bei einem Rundgang durch die Gewächshäuser zählen auch die blühenden Orchideen, die tropischen Geweihfarne, die in den Astgabeln großer Urwaldbäume wachsen sowie die fleischfressenden Pflanzen.

Wer mit seinen Kindern die Gewächshäuser in der kalten Jahreszeit besichtigen möchte, sollte bedenken, dass dort tropische Temperaturen herrschen. Ein Rucksack für die vielen Kindersachen, die man bei der Besichtigung ausziehen muss, ist sehr empfehlenswert. Wegen der schmalen Gänge können die Gewächshäuser leider nicht mit dem Kinderwagen befahren werden.

23 München - Hirschgarten

Mit tollen Spielplätzen, einem Damwildgehege und einem der traditionsreichsten Münchner Biergärten bietet der Hirschgarten beste Voraussetzungen für einen gelungenen Nachmittag, bei dem alle Familienmitglieder auf ihre Kosten kommen.

Gleich neben dem großen Biergarten, in den man nach altem Münchner Brauch seine Brotzeit selber mitbringen kann, können die Kinder in einem rund zwei Hektar großen Wildgehege

Hauptanziehungspunkt im Hirschgarten ist das große Wildgehege

Toureninfos:

Der Hirschgarten liegt im Westen von München in der Nähe der S-Bahn-Station Laim. Er ist bei freiem Eintritt immer zugänglich.

Königlicher Hirschgarten, großer Biergarten, Telefon: 0 89/17 25 91, kein Ruhetag, www.hirschgarten.de

Parkplatz beim Gasthof Hirschgarten in der Hirschgartenalle oder Parkplatz in der Winfriedstraße (1. Querstraße nördlich der Laimer Unterführung), man kommt quasi von hinten in den Hirschgarten

S-Bahn: Station Laim; Bus 132 und Straßenbahn 16, 17: Haltestelle Steubenplatz

Schloss Nymphenburg (Tour 21)
Museum Mensch und Natur (Tour 8)

Rehe und Hirsche mit ihren prächtigen Geweihen bestaunen. Mehrere Spielplätze liegen im gesamten Gelände verstreut. Die Kleinsten finden hier ebenso Betätigung wie die Schulkinder, die besonders von der kleinen Kletterwand angezogen werden. Zum

Die Kletterwand ist gar nicht so einfach zu bezwingen

Fußballspielen sind Tore vorhanden und wer seine Tischtennisschläger dabei hat, findet hier mehrere Platten. Man kann den Männern beim Freiluft-Schach zuschauen oder auf der Skateboardbahn die Künste der Jugendlichen bewundern.

Im Herbst kommen die Väter mit ihren Sprösslingen zum Drachensteigen. In dieser Jahreszeit können die Kinder hier Eicheln und Kastanien sammeln, mit denen man zu Hause wunderbar basteln kann.

Auch im Winter ist der Hirschgarten ein beliebtes Familienziel - vor allem wenn Schnee liegt. Auf dem Schlittenberg treffen sich dann die großen und kleinen Rodler.

Betreten erwünscht - auf den großen Rasenflächen im Hirschgarten ist viel Platz zum Spielen

24 München - Westpark

Exotische Bauten, phantasievolle, große Spielplätze und zwei kleine Seen erwarten die Besucher im Westpark. Er wird durch den Mittleren Ring in zwei Abschnitte geteilt: den Westteil und den Ostteil, die durch eine Fußgängerbrücke miteinander verbunden sind.

Der Westteil ist - aus Erwachsenensicht betrachtet - zweifellos der attraktivere: Hier befindet sich das sogenannte „Ostasienensemble“:

Exotisches Flair in München: Die reich verzierte thailändische Sala steht im Westpark

➤ Toureninfos:

i **Der Westpark ist immer öffentlich zugänglich.**

P **Der Westpark liegt im Münchner Stadtteil Sendling. Rund um den Park gibt es mehrere Eingänge, wo man auch parken kann.**

H **U6: Station Westpark.**

Inmitten eines exotisch bepflanzten Teiches erhebt sich auf goldenen, reichverzierten Säulen eine thailändische Sala.

Gegenüber kann man die mit kunstvollen Holzschnitzereien ausgestattete Nepal-Pagode betreten. Im Chinesischen Garten führen verschlungene Wege vorbei an Wasserläufen und typisch chinesischer Gartenarchitektur.

Am südwestlichen Zipfel des Parks kommen dann die Kinder voll auf ihre Kosten: in natürlichen Nischen angeordnet finden sie die unterschiedlichsten Spielgeräte. Der Biergarten und der liebevoll angelegte Rosengarten sind ideale Rastplätze.

In den Ostteil des Parks gelangt man auf der Fußgänger- und Radlerbrücke über den Mittleren Ring. Ganz in der Nähe der Brücke gibt es den „Spielplatz am Regenbogen". Zum dritten Spielplatz des Westparks geht man auf dem Hauptweg weiter Richtung Osten: Auf der Höhe des Feuchtbiotops findet man etwas versteckt am Hügel eine Wasserspiellandschaft, die aus groben Steinen und Holz geschaffen wurde.

Genau wie im Westteil befindet sich auch im östlichen Parkteil ein kleiner See, an dessen Ufer ein Restaurant mit schönem Biergarten liegt. Da die Spielplätze im Ost- und Westteil recht weit auseinanderliegen, kann man für die Kinder das Fahrrad oder Dreirad mitnehmen.

Im Sommer können die Kinder in der großen Wasserspiellandschaft auch prima plantschen

25 München - Planetenweg

Das Richtige für kleine Astronauten ist der Planetenweg, der entlang der Isar vom Deutschen Museum zum Tierpark Hellabrunn führt. Der Weg vermittelt eine Vorstellung davon, welch riesige Dimensionen unser Sonnensystem hat. Die Lage der Planeten und ihre Größenverhältnisse sind im Maßstab 1 : 1,29 Milliarden dargestellt. An den einzelnen Stationen informieren Schilder über den jeweiligen Planeten.

Startpunkt des 1995 angelegten, genau 4,57 Kilometer langen Weges ist im Hof des Deutschen Museums. Hier steht eine Säule, die gekrönt ist von einer goldenen Kugel, die die Sonne symbolisiert. Auf der Säule findet man nähere Informationen über den Weg, auf dem der große Schritt eines Erwachsenen etwa einer Million Kilometer im Weltall entspricht. Mit „Siebenmeilenstiefeln" geht es jetzt los ins Sonnensystem. Bereits am Torbogen des Hofs trifft man auf Merkur, die Venus findet man auf der Isarbrücke und am Ende der Brücke ist man bereits bei der Erde. Jetzt hat man im Weltall bereits 150 Millionen Kilometer zurückgelegt. Am Ende der Brücke geht man rechts und spaziert

Durch die Isarauen führt der Planetenweg, auf dem man ein gutes Gefühl für die riesigen Dimensionen des Sonnensystems bekommt

➤ Toureninfos:

i Planetenweg vom Deutschen Museum (Sonne) bis zum Tierpark Hellabrunn (Pluto): 4,57 Kilometer (Teilstück vom Museum bis zum Rosengarten: rund 2 Kilometer) www.deutsches-museum.de (Ausstellungen – Astronomie).

P Wegen der Innenstadtlage nur sehr begrenzte Parkmöglichkeiten beim Deutschen Museum

H S-Bahn: Station Isartor, U-Bahn U1 und U2: Station Fraunhoferstraße, Straßenbahnlinie 18: Haltestelle Deutsches Museum

Rosengarten (Tour 26)

immer an der Isar entlang. Nachdem man die Zufahrt zur zweiten Isarbrücke passiert hat, liegt links des Weges ein großer Spielplatz, rechterhand liegen weite Wiesen am Ufer. Mit kleineren Kindern empfiehlt es sich, nur bis zum Rosengarten zu gehen, den man nach der dritten Isarbrücke erreicht. (Tour 26).

Im Sonnensystem ist man damit bereits beim Uranus angelangt, dessen Station kurz vor der Eisenbahnbrücke zu finden ist. Jetzt kann man hinunter an den Fluss gehen und auf dem Uferweg wieder zurück zum Deutschen Museum spazieren.

Im Juni 2005 sind alle Stationen außer Pluto beim Tierpark Hellabrunn erneuert worden.

Ausgangspunkt des Planetenwegs im Hof des Deutschen Museums: die Säule mit der goldenen Sonne

26 München - Rosen- und Giftgarten

Welche Pflanzen sie auf keinen Fall in den Mund nehmen dürfen, kann man seinen Kindern im Schaugarten für Giftpflanzen zeigen. Er ist Teil des Rosengartens, der in den Isarauen auf halbem Weg zwischen dem Deutschen Museum und dem Tierpark Hellabrunn liegt. Der Besuch des Rosengartens lässt sich ganz hervorragend mit einem Spaziergang auf dem Planetenweg kombinieren (Tour 25). Mehr als 8.000 Rosen in 200 verschiedenen Sorten sind im Rosengarten angepflanzt - darunter viele echte Raritäten. Besonderheit im Duftgarten ist die Sammlung von 40 verschiedenen Duftgeranien, die sich in Blättern, Blütenfarbe und natürlich im Duft unterscheiden. Darüber hinaus gibt es viele mediterrane Pflan-

Im Tastgarten für Blinde können auch Sehende verschiedene Pflanzen erfühlen

➤ Toureninfos:

i Rosengarten der Städtischen Baumschule München
Sachsenstraße 2 ·81543 München
Telefon: 0 89/23 36 03 06
www.muenchen.de (Rosengarten und Baumschule Bischweiler)

1. März-30.April: 7.00-18.00 Uhr
1. Mai-31. August: 7.00-20.00 Uhr
1. Sept.-31. Oktober: 7.00-18.00 Uhr
1. Nov.-28. Feb.: 7.00-15.15 Uhr

€ Eintritt frei

P Parken in der Sachsenstraße beim Eingang des Rosengartens

H U-Bahn U1 und U2 bis Kolumbusplatz
Buslinie 58, Haltestelle: Claude-Lorrain-Straße

Planetenweg (Tour 25)

Das riecht gut - der Zitronenstrauch im Duftgarten

zen, deren würziger Duft an Urlaub erinnert. Im Blindengarten können die Kinder verschiedene Blattarten erfühlen - von stacheligen, harten Blättern bis zu solchen, die sich pflaumig zart und weich anfühlen.

Bekannte und unbekannte Giftpflanzen, wie Tollkirsche, Fingerhut oder die Herkulesstaude lernt man im Giftgarten kennen. Es gibt genaue Informationen zu diesen gefährlichen Pflanzen.

Nach einem Besuch im Giftgarten wissen Kinder genau, welche Pflanzen sie nicht anfassen oder gar essen dürfen

27 München - Ostpark

Stressfrei und erholsam für die ganze Familie ist ein Bummel durch den Ostpark mit seinem See, den Spielplätzen, den weitläufigen Wiesen und dem gemütlichen Biergarten.

Beginnt man den Spaziergang am Michaelibad, stößt man zuerst auf die Gaststätte Michaeligarten mit ihrem großen, direkt am Ufer des Ostparksees gelegenen Kastanienbiergarten. Gleich daneben liegt ein moderner,

Bei der Gaststätte Michaeligarten liegt der Ostparksee

Toureninfos:

Der Ostpark ist öffentlich und immer zugänglich.

Gaststätte Michaeligarten
Telefon: 0 89/43 55 24-0 oder 0 89/43 55 24-24, kein Ruhetag
www.michaeligarten.de

Der Ostpark liegt im Osten von München an der Heinrich-Wieland-Straße. Parkmöglichkeit am Michaelibad

U5/U8: Station Michaelibad

abwechslungsreicher Spielplatz, den man vom Biergarten gut im Blick hat. Da der Michaeligarten ein Treffpunkt der Münchner Modellsportfreunde ist, sieht man hier öfters kunstvolle Miniaturschiffe auf dem See ihre Runden ziehen. Folgt man weiter dem breiten Weg, gelangt man linker Hand zum Spielplatz, auf dem für alle Altersstufen etwas geboten ist. Die breiten, asphaltierten Wege im Park eig-

Spielplätze für jedes Alter lassen im Ostpark keine Langeweile aufkommen

nen sich übrigens hervorragend zum Rollschuhlaufen. Auf den Wiesen, die betreten werden dürfen, kann man seinen Drachen steigen lassen oder Ball spielen.

Außerdem gibt es einen Fun-Park für Skateboarder, wo man den tollkühnen Sprüngen der Jugendlichen zuschauen kann. Ein Spaziergang durch den Ostpark lässt sich auch gut mit einem Museums- oder Theaterbesuch in München verbinden.

Nach einem Programm, das Ruhe und Konzentration erforderte, sind die Kinder glücklich, wenn sie sich hier austoben können.

Im Winter kann man mit den Kindern im Ostpark Schlittschuhlaufen und Rodeln.

28 München - Englischer Garten

München ist eine Stadt der Superlative: Mit dem rund 400 Hektar großen Englischen Garten verfügt die bayerische Landeshauptstadt über einen der größten Stadtparks der Welt - größer als der Central Park in New York oder der Hyde Park in London. Da versteht es sich fast von selbst, dass es in dieser grünen Lunge für Familien mit Kindern viel zu sehen und zu erleben gibt.

Viele Wege führen durch den Englischen Garten. Welchen man auswählt, kann man an den Eingängen entscheiden, wo ein detaillierter Lageplan über die Sehenswürdigkeiten

Rast im Biergarten am Kleinhesseloher See

Toureninfos:

i Der Englische Garten ist immer öffentlich zugänglich.

Biergarten am Chinesischen Turm, „Seehaus" am Kleinhesseloher See; Hirschau, Biergarten mit Kinderspielplatz, „Aumeister" am nördlichen Ende des Englischen Gartens, Biergarten mit Kinderspielplatz.

P Der Englische Garten liegt im Münchner Stadtteil Schwabing. Begrenzte Parkmöglichkeiten in den Straßen bei den verschiedenen Eingängen zum Park.

H U3 und U6, Station Universität, Giselastraße oder Münchner Freiheit; Straßenbahn Linie 17, Haltestelle Tivolistraße

und die Lage der Spielplätze Auskunft gibt. Für kleinere Kinder kann man den Bobby-Car oder das Dreirad mitnehmen, da sie auf den breiten Wegen gut damit vorankommen. Aber auch zum Radeln ist der Englische Garten mit einem Wegenetz von über 60 Kilometern ideal.

Sobald die Sonne scheint, herrscht buntes Leben auf den Wiesen rund um den Monopterus

Einer der Hauptanziehungspunkte ist sicher der 1790 erbaute Chinesische Turm, zu dessen Füßen sich einer der bekanntesten Münchner Biergärten erstreckt. Gleich neben dem Chinesischen Turm gibt es einen modernen Spielplatz und ein Karussell von 1913, wo die Kids auf kunstvoll geschnitzten Tieren Platz nehmen können. Es ist übrigens das älteste Holzkarussell Bayerns. Ganz in der Nähe des Chinesischen Turms erhebt sich der Monopterus auf einem Hügel. Man kann zu dem klassizistischen Rundtempel hinaufsteigen und die Aussicht auf München bewundern. Spaziert man vom Monopterus Richtung Norden, kommt man zum Kleinhesseloher See, wo man im Sommer Boote ausleihen und im Biergarten des Seehauses einkehren kann. Unterwegs kommt man immer wieder an Spielplätzen vorbei - eine willkommene Abwechslung vor allem für die Kleinen. Im Sommer macht es am meisten Spaß, dem bunten Treiben zuzuschauen: es wird Fußball oder Baseball gespielt und die Wiesen sind von Sonnenhungrigen aus aller Herren Länder bevölkert. Den Abschluss am nördlichen Ende des Parks bildet der Aumeister mit seinem weitläufigen Biergarten.

Ein Besuch im Englischen Garten lohnt sich aber nicht nur in der Biergartensaison: Im Winter wird am Monopterus-Hügel gerodelt und auf dem Kleinhesseloher See kann man Schlittschuhlaufen.

Die Schwäne lassen sich gerne füttern

29 München – Pferderennen

Zwei bekannte Pferderennbahnen liegen im Münchner Osten: Die Galopprennbahn Riem und die Trabrennbahn Daglfing. Wer noch der Ansicht ist, dass Pferderennen nur etwas für die Reichen ist, wird hier eines Besseren belehrt. Für ein durchaus erschwingliches Eintrittsgeld hat die ganze Familie Spaß am Renngeschehen und kann sich für ein paar Euro am Wetten beteiligen. Wenn dann das Pferd, auf das man gesetzt hat, tatsächlich als erstes durchs Ziel gelaufen ist, ist die Freude besonders bei den Kleinen riesig. Allerdings muss man aufpassen, dass einen nicht das Wettfieber ereilt und man so die Familienkasse ruiniert.

Trabrennbahn Daglfing

Trabrennen haben in München eine lange Tradition: bereits 1847 fand auf dem Oktoberfest das erste Trabreiten statt. Nachdem sich in den Folgejahren mehrere kleine Vereine an verschiedenen Plätzen in der Stadt diesem Sport gewidmet hatten, wurde unter der Federführung des Münch-

Weltklasse-Pferde und ihre Fahrer kämpfen auf der Trabrennbahn Daglfing um Sieg und Platz

Toureninfos:

Trabrennbahn Daglfing:
Münchner Trabrenn- und Zuchtverein,
Rennbahnstraße 35, 81929 München,
Tel.: 0 89/9 30 00 10, www.daglfing.de

Ein Informationsblatt mit den Rennterminen kann unter der oben genannten Telefonnummer kostenlos angefordert werden.

Eintritt frei

Die Trabrennbahn liegt im Osten von München. Zufahrt von München über die Autobahn A 94, Ausfahrt München-Daglfing. Hier ist die Trabrennbahn ausgeschildert.

Von München mit der S8 zur Station Daglfing und weiter mit Bus 189 zur Haltestelle Trabrennbahn (Fußweg von der S-Bahn Station zur Trabrennbahn rund 15 Minuten) oder Bus 190 ab Max-Weber-Platz, Haltestelle Rennbahnstraße.

Toureninfos:

Galopprennbahn Riem:
Galopprennbahn München-Riem
81929 München, Tel.: 0 89/9 45 52 30
www.galoppriem.de

Ein Informationsblatt mit den Rennterminen kann unter der oben genannten Telefonnummer kostenlos angefordert werden.

Erwachsene: 5.- €
(an Großrenntagen 10.- €)
Kinder unter 16 Jahren frei

Die Galopprennbahn liegt im Osten von München. Zufahrt von München über die Autobahn A 94, Ausfahrt München-Daglfing/Rennplätze.

Von München mit der S2 Richtung Erding zur Station Riem.
Nur wenige Minuten zu Fuß zur Rennbahn.

ner Trabrenn- und Zuchtvereins die Trabrennbahn Daglfing gebaut, die am 19. Oktober 1902 unter Anwesenheit der Prinzen Ludwig und Franz von Bayern eröffnet wurde.

In Daglfing finden das ganze Jahr über Rennen statt. Den Terminplan kann man kostenlos telefonisch anfordern (siehe oben) oder im Internet nachlesen. Die Rennen beginnen an Sonn- und Feiertagen um 14.00 Uhr und dauern den ganzen Nachmittag. In rund halbstündigem Abstand gehen die Pferde mit ihren Fahrern an den Start. Vorher kann man sie bei der Parade mustern und - falls man wetten möchte - seinen Favoriten aussuchen. Im Programmheft erfährt der Laie, welche Pferde die besten Chancen haben.

Galopprennbahn Riem

In Riem findet man die einzige Galopprennbahn Bayerns. Mit ihrer langen Tradition gilt sie als einer der attraktivsten Rennplätze Deutschlands, wo viele internationale Spitzenrennen ausgetragen werden. Die Rennsaison dauert von Anfang April bis Mitte November. Bei jedem Renntermin werden in der Regel rund zehn Rennen im halbstündigen Abstand ausgetragen. Hier dürfen sich die Kinder auch selbst in den Sattel setzen - während der Rennen besteht immer die Möglichkeit zum Ponyreiten. An allen Renntagen ist für die kleinen Besucher zusätzlich ein Kinderpark mit Hüpfburg aufgebaut.

Tipp

Auf der Trabrennban in Daglfing können Kinder einen Blick hinter die Kulissen werfen. Von der Tribüne aus führt ein Weg entlang der Rennbahn zu den Stallungen. Hier kann man sehen, wie die Pferde mit ihren Fahrern zum Start gehen und wie die Tiere nach dem Lauf sorgfältigst geduscht werden.

Die Galopprennbahn in Riem ist einer der bekanntesten Rennplätze Deutschlands

30 Grünwald - Bavaria Filmstudios

Ins Reich der perfekten Illusionen entführt ein Besuch bei den Bavaria Filmstudios in Geiselgasteig. Bei der rund neunzig Minuten dauernden Führung gewähren die Filmemacher einen tiefen Einblick in ihre Trickkiste. Für Kinder besonders interessant sind die Dekorationen und Requisiten aus der Kinoproduktion „Asterix und Obelix“, der Drehort von „Bibi Blocksberg“ und die zauberhaften Fabelwesen aus dem Film zu Michael Endes Roman „Die unendliche Geschichte“.

Bei der Stunt-Show sehen die Kinder, dass Gewaltszenen im Fernseher nur eine Frage der Technik und des Könnens sind

Toureninfos:

Bavaria Filmtour, Bavariafilmplatz 7
82031 Geiselgasteig, Tel.: 0 89/64 99 23 04
www.bavaria-filmtour.de

täglich geöffnet außer 24. bis 26. 12.
Filmtour:
März bis Oktober: 9.00–16.00 Uhr,
November bis Februar: 10.00–15.00 Uhr
(jeweils Beginn der letzten Führung)
4D Erlebnis-Kino:
März bis Oktober: tägl. 9.00–17.00 Uhr,
November bis März: tägl. 10.00–16.00 Uhr
Stunt-Show:
April bis Oktober: in der Regel tägl. 12.00 Uhr, Montag manchmal keine Vorstellung
im Sommer oft zusätzlich um 13.30 Uhr und eventuell um 15.00 Uhr

Filmtour: Erwachsene: 10.- €
Kinder ab 5 Jahren: 7.- €
Familienkarte: 29.50 €
Kombikarte für Filmtour, Stunt-Show und 4D Erlebnis-Kino: Erwachsene: 17.- €
Kinder ab 5 Jahren: 15.- €
Familienkarte: 59.50 €
Kostenloser Eintritt für alle Geburtstagskinder (Ausweis!)

Die Bavaria-Filmstudios liegen am südlichen Stadtrand von München direkt an der Ausfallstraße Grünwald/Bad Tölz. Parkplätze vorhanden.

Straßenbahnlinie 25 bis Bavariafilmplatz. Filmstadt MVV-Ticket für 14.- € pro Person, Benutzung alller MVV-Verkehrsmittel und Eintrittsgutschein für Bavaria Filmstadt-Führung und das 4D Erlebniskino

Blick auf die Brücke des Raumschiffs Surprise

Spannend ist auch der Gang durch das Innenmodell zum Film „Das Boot“. „Marienhof“-Fans erfahren alles über die Produktion der beliebten Serie und können sogar durch die weitläufigen Außenkulissen spazieren.

Wirklich lohnenswert ist der Besuch der Stunt-Show, bei der ein Stuntman-Team sein waghalsiges Handwerk zeigt. Wenn man die Stunt-Show unbedingt sehen will, sollte man sich im Internet oder telefonisch informieren, ob und wann sie stattfindet.

Im 4D Erlebnis-Kino sorgen spannende, computeranimierte Thriller und synchron mit der Bildhandlung bewegte Kinositze für perfekte Wirklichkeitssimulation. Besucher im 4D Erlebnis-Kino müssen mindestens 1,22 Meter groß sein. Da bei der Filmtour auch vieles unter freiem Himmel besichtigt wird, empfiehlt sich der Besuch nicht bei Dauerregen.

Bibi Blocksberg

31 Grünwald - Walderlebniszentrum

Barfuß über einen Tastpfad laufen oder über ein Baumtelefon Nachrichten morsen können Kinder auf dem Walderlebnispfad im Grünwalder Forst. Der 2,8 Kilometer lange Weg, der vom Staatlichen Forstamt München angelegt wurde, beginnt beim Walderlebniszentrum. Erste Station ist die Besichtigung der Ausstellung im Pavillon, wo man heimische Pilze und viele ausgestopfte Waldtiere wie Vögel, Füchse, Eichhörnchen und Waldinsekten sehen kann. Der Pavillon wurde übrigens im Jahr 1862 von König Max II. von Bayern als Jagdschlösschen erbaut.

Gelbe Pfeile kennzeichnen von hier aus den Walderlebnispfad, den man gemütlich in eineinhalb Stunden erkunden kann. Auf insgesamt zehn Stationen kann man selbst experimentieren oder Rätsel lösen. Anhand der Jahresringe einer Eiche soll man zum Beispiel erraten, wie alt der Baum ist. An der Station „Bei den klingenden Hölzern" können die Kinder auf einem riesigen Holzxylophon spielen und an einem langen Baumstamm die Leitung von Schallwellen durch das Holz erproben.

Toureninfos:

Walderlebniszentrum Grünwald
Tel. 0 89/6 49 20 99
www.forst.bayern.de/wez/gruenwald

Pavillon: Mo-Fr: 8.00 bis 17.00 Uhr, Wochenende und Feiertage: 9.00 bis 17.00 Uhr; Walderlebnispfad frei zugänglich

Eintritt kostenlos

Kugler-Alm: Montag Ruhetag,
Tel.: 089/613901-0, www.kugleralm.de

Walderlebniszentrum: Von Grünwald in Richtung Straßlach/ Bad Tölz fahren, nach dem Ortsende von Grünwald erste Einfahrt links in den Wald (beschildert), großer Parkplatz.
Anfahrt zur Kugler-Alm: Von Grünwald Richtung Oberhaching, vor Oberhaching liegt links der beschilderte Parkplatz der Kugler-Alm.

S7 bis Höllriegelskreuth, von dort mit Bus 271 bis Grünwald-Friedhof. Oder mit der Tram 25 zur Endstation Derbolfinger Platz und von dort mit dem Bus 271 zum Grünwalder Friedhof; auf beschildertem Weg in 10 Minuten zum Walderlebniszentrum.

Kurz bevor man wieder den Ausgangspunkt erreicht, führt der Weg am Schwarzwildgehege vorbei.

Das Walderlebniszentrum kann man auch bei einer rund 12 Kilometer langen Radtour durch den Grünwalder-Forst ansteuern. Die Tour beginnt bei der Kugler-Alm, einer traditionsreichen Wirtschaft mit riesigem Biergarten und schönem Spielplatz. Von der Kugler-Alm aus fährt man entlang des Bahngleises in nördlicher Richtung.

Kinder sind fasziniert von den Wildschweinen

Nach rund einem Kilometer biegt man nach links in den Taufkirchner Weg ein, der schnurgerade zum Forsthaus Wörnbrunn führt. Man biegt nach links in das asphaltierte Sträßchen ein, unterquert in einer Unterführung die Straße Grünwald - Oberhaching und fährt nach der Unterführung nach rechts, Richtung Straßlach. Von hier aus geht es knapp zwei Kilometer auf dem Ludwig-Geräumt geradeaus, ehe man nach rechts in den Sauschütt-Geräumt (Wegweiser Walderlebniszentrum), einbiegt. Am Ende des Weges fährt man links und kommt so direkt zum Walderlebniszentrum.

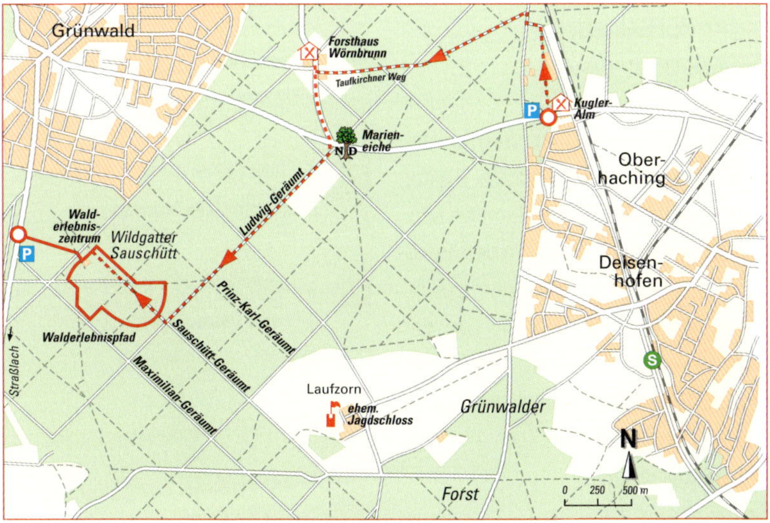

32 Grünwald - Burg Grünwald

Höhepunkt bei der Burgbesichtigung ist das Erklimmen des großen, alten Burgturms, in dem steile Holzstiegen zur Aussichtsplattform führen. Hier hat man eine wunderbare Aussicht über das Isartal, München und die Alpen.

Gegründet wurde die Grünwalder Burg im 12. Jahrhundert, vom 13. bis zum 17. Jahrhundert war sie Jagdschloss der Wittelsbacher. Danach hatte sie eine wechselvolle Geschichte: sie diente als Gefängnis, war Pulverlager und beherbergte ein anthropologisches Museum mit Wachsfiguren. 1979 kaufte der Freistaat Bayern das Gebäude und richtete ein Zweigmuseum der archäologischen Staatssammlung ein.

Vom Eingang führt der Weg an der Außenmauer entlang, wo die Kinder gleich einen Ausguck erklimmen können. Dann geht es hinauf in den Burgturm. Schautafeln im Treppenhaus informieren über die Geschichte der Burg. Wenn man es endlich nach oben geschafft hat, kann man sich erst einmal so richtig den Wind um die Nase wehen lassen und die Aussicht genießen.

Toureninfos:

Burg Grünwald, Zeillerstr. 3
82031 Grünwald, Telefon: 0 89/6 41 32 18
www.stmwfk.bayern.de/kunst/zweigmuseen

1. April bis 30. November: Mittwoch bis Sonntag: 10.00 bis 16.30 Uhr

Erwachsene: an Wochentagen: 2.50 €
an Sonn- und Feiertagen: 1.50 €
Kinder ab 6 Jahren in Begleitung Erwachsener: 0.50 €.

Die Burg Grünwald liegt im Ortszentrum von Grünwald in der Nähe der Isarbrücke. Kleiner Parkplatz vor dem Museum, außerdem Parkmöglichkeit in den umgebenden Straßen.

Von München mit der Straßenbahnlinie 25 bis Haltestelle Grünwald

Spaziergang an der Isar (Tour 33), Grünwald - Walderlebniszentrum (Tour 31)

In der Burg Grünwald kann der große Burgturm erklommen werden, von dem man eine wunderbare Aussicht auf das Isartal hat

Im Burghof kann man dann eine Münchner Schmiede von 1880 besichtigen. Von dort geht es hinunter ins Kellergewölbe, wo die Exponate der archäologischen Staatssammlung ausgestellt sind.

Für Kinder interessant sind die Rekonstruktionen einer römischen Küche und einer römischen Hypokaustenheizung.

Im Kellergewölbe findet man auch eine Ausfallpforte der Burg aus dem Jahr 1300, die die Fantasie der Kinder ungemein anregt. Der Westflügel beherbergt ein römisches Lapidarium - eine Sammlung von Steindenkmälern. Hier erfährt man Wissenswertes über das Verkehrsnetz, das die Römer nach der Eroberung des Alpenvorlandes in Bayern anlegten.

So sind zum Beispiel Meilensteine zu sehen, die vor rund 2000 Jahren an den gepflasterten Römerstraßen die Entfernung zum nächsten Ort angaben und den Kaiser nannten, der die Straße bauen ließ.

Außerdem werden jährlich wechselnde Sonderausstellungen präsentiert.

Kinderwagen können nicht auf die Burg mitgenommen werden.

33 Grünwald – Wanderung an der Isar

Ein Spaziergang an der Isar bei Grünwald lässt sich hervorragend mit der Besichtigung der Grünwalder Burg verbinden. Um von der über dem Isartal thronenden Burg hinunter zum Fluss zu gelangen, geht man vom Burgeingang in die Zeillerstraße. Kurz hinter der Burg führt ein Wanderweg hinab zu einer Wegkreuzung. Man folgt dem Schild „Wanderweg Richtung Wolfratshausen, Mühltal" bergab. An der nächsten Verzweigung weist das Schild „Zur Isar" den richtigen Weg.

Am Kiesufer angekommen, geht man links Richtung Süden. Der Weg verläuft etwas oberhalb der Isar unter der Brücke hindurch und führt dann wieder abwärts zum Fluss. Auf einem schmalen Pfad entlang des Ufers kann man dann weiter bis zum Georgenstein wandern – einem Felsen in der Isar, der der Rest einer ehemaligen Römerbrücke ist.

Toureninfos:

i Wanderung von der Burg Grünwald zum Georgenstein und zurück: ca. 7 Kilometer

P Startpunkt der Wanderung ist die Burg Grünwald. Sie liegt im Ortszentrum von Grünwald in der Nähe der Isarbrücke. Kleiner Parkplatz vor dem Museum, außerdem Parkmöglichkeit in den umgebenden Straßen.

H Von München mit der Straßenbahnlinie 25 bis Haltestelle Grünwald.

Besichtigung der Burg Grünwald (Tour 32)
Grünwald – Walderlebniszentrum (Tour 31).

Unterwegs kann man auf den Kiesbänken rasten, in der Sonne liegen und die Kinder am Wasser spielen lassen. Und wenn sie dann gar keine Lust mehr haben weiter zu wandern, bleibt man am besten auf seiner Kiesbank und genießt die Ruhe und Natur an diesem schönen Fleckchen Erde. Zurück zur Burg geht man dann wieder auf dem gleichen Weg.

Genügend Platz zum Spielen, Rasten und Spazieren gehen ist auf den Kiesufern an der Isar bei Grünwald

34 Großdingharting - Deininger Weiher

Zu jeder Jahreszeit ist der Deininger Weiher im Süden von München ein ideales Ausflugsziel für Familien mit Kindern: Im Frühling kann man hier die ersten Sonnenstrahlen genießen. Im Sommer erreicht der Weiher schnell angenehm warme Temperaturen, da sich das dunkle Moorwasser schnell durch die Sonne erwärmt. Die wunderbare Färbung der umgebenden Wälder kann man im Herbst genießen. Bei Dauerfrost friert der Deininger Weiher schnell zu. Dann kann man mit den Kindern zum Schlittschuhlaufen herkommen.

Vom Parkplatz kommt man zuerst zum Waldhaus Deininger Weiher, das am Nordende des Sees liegt. Von hier aus blickt man auf das dunkle Wasser, das umgeben von Schilf und Wäldern ist. Der Rundweg um den See ist ideal für den Kinderwagen geeignet.
Geht man vom Waldhaus am linken Ufer entlang und biegt an der ersten Abzweigung nach rechts ab, so dreht man die knapp halbstündige Minirunde um den See. Lohnender ist es, weiter zu gehen und die zweite Abzweigung nach rechts zu nehmen (Beschilderung Richtung Isarauen).

Toureninfos:

i Rundweg um den Deininger Weiher: rund eine Stunde

Waldhaus Deininger Weiher
82064 Straßlach-Großdingharting
Telefon: 0 81 70/9 24 50
www.deiningerweiher.de
Montag Ruhetag, Biergarten montags bei schönem Wetter geöffnet

P Der Deininger Weiher liegt zwischen München und Wolfratshausen. Zufahrt: Von München kommend auf der B13 (Giesinger Autobahn) bis zur Ausfahrt Taufkirchen Süd/Oberhaching. Weiter Richtung Dietramszell. Nach ca. 4 km rechts abbiegen Richtung Kreuzpullach, der Hauptstraße folgen. In Großdingharting an der zweiten Kreuzung links (der Deininger Weiher ist ausgeschildert). Nach ca. 1,5 Kilometern liegt rechter Hand der See.

Der Querweg führt nach knapp zehn Minuten auf einen Weg, wo man nach rechts dem Schild zum Waldhaus folgt und nach knapp einer Stunde wieder den Ausgangspunkt erreicht.

35 Schäftlarn - Isar-Erlebnispfad

Gleich drei Erlebnispfade beginnen an der Dürnsteiner Brücke beim Kloster Schäftlarn - ganz nach Tagesform und Unternehmungslust stehen zur Auswahl: die kleine Kloster-Runde, die rund sechs Kilometer lange Technik-Runde zum Kraftwerk Mühltal und die ausgiebige Natur-Runde, bei der es teilweise durch dschungelartige Auwälder geht.

Am Drehmodell der Isar kann man nicht nur spielen, sondern auch viel Wissenswertes erfahren

Angelegt wurden die drei Wege, die zusammen als Isar-Erlebnispfad firmieren, im Jahr 2004 durch einen beispielhaften Zusammenschluss von Staat, Gemeinden und freier Wirtschaft. Rund 160.000 Euro wurden investiert, um das erfolgreiche Nebeneinander von Natur, Technik und Kultur im Isartal darzustellen. An den vielen Stationen vermitteln didaktisch

Toureninfos:

Variante „Kultur" - kleine Klosterrunde: 2,0 km, rund 30 Minuten. Variante „Technik" - von der Dürnsteiner Brücke zum Kraftwerk Mühltal und zurück: 6,4 km, rund zwei Stunden. Variante „Natur" – über Aumühle zum Ickinger Wehr und zurück: 9,9 km, rund drei Stunden.

Gasthaus zur Mühle, Montag Ruhetag (außer vor Feiertagen), Tel: 08178/3630, Gasthaus Bruckenfischer, Tel.: 08178/3635, Gasthaus Aumühle, Tel.: 08178/4351, Klosterbräustüberl, Tel.: 08178/3694

Autobahn A 95 München – Garmisch, Ausfahrt Schäftlarn, über Hohenschäftlarn zum Kloster Schäftlarn und weiter zum Parkplatz vor der Dürnsteiner Isarbrücke.

S-Bahn S 7 Richtung Wolfratshausen, Station Ebenhausen – Schäftlarn, von der Station in 15 Minuten zu Fuß über den Isartalberg hinunter zum Kloster Schäftlarn, hier Einstieg in den Erlebnispfad.

Auf der historischen Holzbrücke wird die Isar überquert

sehr ansprechend gestaltete Tafeln Umweltwissen im weitesten Sinn des Wortes.
Zentraler Startpunkt ist der Parkplatz an der Dürnsteiner Isarbrücke beim Kloster Schäftlarn. Hier informiert ein großer Plan über die verschiedenen Routen. Der Lauf der Isar von der Quelle bis zur Mündung kann an einem Drehmodell verfolgt werden. Die Kloster-Tour führt zum Kloster Schäftlarn, wo man die Klosterkirche mit ihren bekannten Fresken und Stuckarbeiten besichtigen kann. Sehenswert ist auch der Prälatengarten, in dem über 80 verschiedene Rosensorten wachsen. Zur Einkehr lädt das Klosterbräustüberl mit seinem schönen Biergarten ein.

Rast im Gasthaus zur Mühle

Wer wissen möchte, nach welchen Prinzipien ein Wasserkraftwerk funktioniert, ist bei der Technik-Tour richtig. Entlang des Isar-Kanals führt der Weg zum Kraftwerk Mühltal, das eines der wenigen Kraftwerke ist, das aufgrund seiner Architektur unter Denkmalschutz steht. Und es hat noch eine zweite Besonderheit: die längste Floßgasse Europas. Um die Mittagszeit hat man die besten Chancen, ein Isarfloß zu sehen, das unter lautem Johlen der Besatzung die 345 Meter lange Rutsche hinunterrast. Gleich neben dem Kraftwerk liegt am Isarhochufer das Gasthaus zur Mühle.
Für Kinder am spannendsten ist die

Natur-Tour. Allerdings sollte man für diese knapp zehn Kilometer lange Wanderung nicht unter Zeitdruck stehen. Von der Dürnsteiner Brücke geht es zuerst entlang des Isarkanals, ehe der Weg in den Auwald führt. Da die vor einigen Jahren durchgeführten Renaturierungsmaßnahmen bereits greifen, ist ein Hauch von ursprünglicher Waldwildnis zu spüren. Tafeln informieren über die Bedeutung des Auwaldes, bei einem interaktiven Vogelstimmen-Erkennungsspiel lernen die Kinder Eisvogel, Zaunkönig und Co. kennen. Beim Ickinger Wehr führt der Weg über den Kanal und vorbei am Gasthaus Aumühle gelangt man wieder zurück zum Ausgangspunkt.

Tipp

Die Technik-Runde zum Kraftwerk Mühltal ist auch eine prima Wintertour – die Flusslandschaft hat in der kalten Jahreszeit einen besonderen Reiz und im urigen Gasthaus zur Mühle wartet ein Kachelofen, um die frierenden Wanderer wieder so richtig aufzuwärmen.

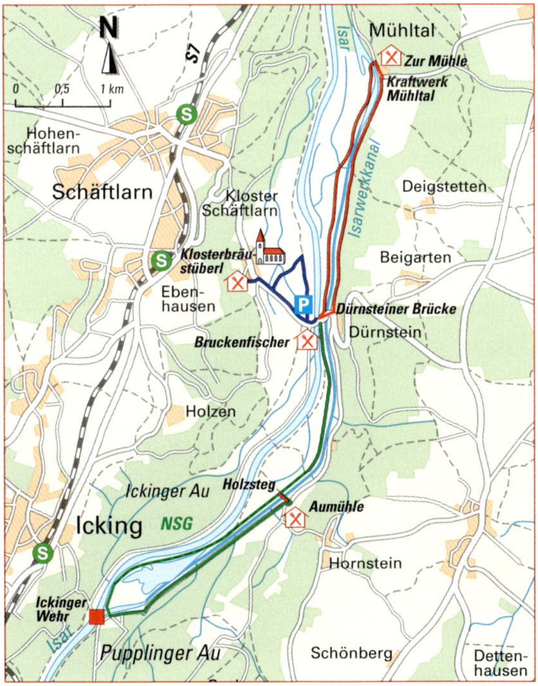

Variante 1 „Kultur“: Kleine Klosterrunde

Variante 2 „Technik“: Von der Dürnsteiner Brücke zum Kraftwerk Mühltal und zurück

Variante 3 „Natur“: Über Aumühle zum Ickinger Wehr und zurück

36 Wolfratshausen - Märchenwald

Einen Streifzug durch die Märchenwelt und viele Fahrgeschäfte bietet der Wolfratshauser Märchenwald. In dem Freizeitpark, der in einem schattigen Hochwald in den Isarauen liegt, kommen kleine Kinder und Schüler bis zu etwa 12 Jahren voll auf ihre Kosten. Einige Fahrgeschäfte, wie zum Beispiel die Oachkatzel-Achterbahn, machen auch noch den Erwachsenen Spaß. Der 1.200 Meter lange Rundweg durch die Märchenwelt führt zuerst zu „Schneewittchen". In einem großen Schaufenster sind drei Szenen aus dem Märchen mit hübschen Puppen dargestellt. Auf Knopfdruck wird die Szenerie beleuchtet, die Puppen beginnen sich zu bewegen und das Märchen wird in Kurzform dazuerzählt. Über zwanzig bekannte Märchen wie Aschenputtel, Tischlein-Deck-Dich, Frau Holle oder der Froschkönig werden so den kleinen Zuschauern nahe gebracht.

Die kleinsten Besucher haben viel Freude auf dem Babyspielplatz mit Babyrutschen, Schaukeltieren, einem Ballhaus, Spielhäusern und Legobausteinen. Hier können sie auch auf einem nostalgischen Karussell ihre

Toureninfos:

Märchenwald im Isartal
Kräuterstr. 39
82515 Wolfratshausen-Farchet,
Tel: 0 81 71/1 87 60,
www.maerchenwald-isartal.de

Ab acht Tage vor Ostern bis Mitte Oktober: täglich 9.00 bis 18.00 Uhr, Einlass bis 16.00 Uhr, bei Dauerregen geschlossen.

Kinder ab 0.85 m Körpergröße: 8.25 €, Kinder und Erwachsene ab 1.40 m Körpergröße: 9.25 €

Parkplatz am Eingang des Märchenwaldes, Zufahrt: Autobahn A 95 München – Garmisch, Ausfahrt Wolfratshausen, auf dem Autobahnzubringer geradeaus bis zur Kreuzung mit der B11, hier links abbiegen Richtung Wolfratshausen, an der ersten Ampel nach rechts abzweigen, ab hier beschildert.

Von München mit der S7 zur Station Wolfratshausen, weiter mit Bus 370 oder 376 Richtung Geretsried bis Haltestelle Farchet, von hier noch 10 Minuten zu Fuß zum Märchenwald.

Das Marienkäferkarussell im Wolfratshauser Märchenwald

Runden drehen. Daneben gibt es im Märchenwald noch verschiedene andere Karussells: den Blütenwirbel, das Marienkäferkarussell und die Ballonfahrt. Im Astronautentester fühlt man sich wie an Bord eines Raumschiffs. Sportlich betätigen können sich die Buben und Mädchen im großen Rutschenparadies, wo sie zwischen einer Röhren-, einer Wendel- und einer Freifallrutsche wählen können. Sehr beliebt ist die Fahrt mit den kleinen Oldtimern oder den mechanischen Reitpferden, die beide auf Schienen ihre Bahn durch den Wald ziehen.

Für das leibliche Wohl ist ebenfalls gesorgt: Am Eingang befindet sich ein Selbstbedienungsrestaurant mit großer Terrasse. Außerdem gibt es in einem Waldpavillon einen Brotzeitstadl, wo auch mitgebrachte Brotzeiten verzehrt werden können. Am Rutschenparadies findet man den Donuts-Stand mit Kaffee und kalten Getränken. Sehr erfreulich ist, dass die Benutzung aller Attraktionen im Eintrittspreis enthalten ist.

Tipp

Damit man wirklich Zeit hat, alle Angebote in Ruhe wahrzunehmen, empfiehlt es sich, schon vormittags in den Märchenwald zu kommen.

37 Sachsenkam - Vom Kloster Reutberg zum Kirchsee

Vom malerischen Kloster Reutberg führt ein gemütlicher, abwechslungsreicher Spazierweg durch das Moor zum idyllischen Kirchsee, wo man herrlich rasten und im Sommer auch baden kann.

Wer mit leerem Magen angereist ist, kann sich im Bräustüberl stärken. Vom Biergarten hat man einen weiten Blick über das Voralpenland. Auf dem Weg, der unterhalb des Biergartens beginnt, gelangt man in einer knappen Stunde zum Kirchsee. Man folgt dem bequemen Schotterweg leicht bergab und wandert über hügelige Wiesen. An der Gabelung vor dem ersten Teich halten wir uns rechts. An

Toureninfos:

Kloster Reutberg bis Kirchsee und zurück: knapp zwei Stunden

Bräustüberl Reutberg
Tel: 0 80 21/86 86, kein Ruhetag
durchgehend warme Küche
www.klosterbrauerei-reutberg.de

Parkplatz am Kloster Reutberg in der Gemeinde Sachsenkam, Zufahrt: Die B13 zwischen Holzkirchen und Bad Tölz bei der Ausfahrt Sachsenkam verlassen, im Ort der Beschilderung zum Kloster Reutberg folgen.

Das Kloster Reutberg ist berühmt für sein Bier und den aussichtsreichen Biergarten

der Weggabelung nach dem nächsten Weiher biegt man nicht links ab, sondern geht geradeaus. Auch an der folgenden Verzweigung hält man sich rechts und wandert langsam weiter durch die parkartige Wald- und Wiesenlandschaft.

Nach einer knappen halben Stunde führt der Weg hinunter in das Ellbach-Kirchseemoor.

Der Weg führt geradewegs auf den Kirchsee zu, wo man es sich am Badeufer gemütlich machen kann.

Rechts und links des Badeplatzes ist das Ufer aus Naturschutzgründen eingezäumt, so dass es leider nicht möglich ist, am See entlang zu wandern. Zurück geht es auf dem gleichen Weg.

Hier im Moor kann der Weg nach längeren Regenfällen recht feucht sein - Gummistiefel sind dann für die Kinder das Richtige

38 Warngau - Wanderung auf den Taubenberg

Bei dieser Wanderung stimmt einfach alles: der Weg ist abwechslungsreich, unterwegs gibt es frisches Wasser aus dem Brunnen von Nüchternbrunn und im Berggasthaus Taubenberg warten Ponys und Katzen darauf, gestreichelt zu werden.

Der rund zweistündige Rundweg auf den Taubenberg beginnt in Osterwarngau am Waldparkplatz bei der Pension Waldwinkl. Man folgt dem Wegweiser „Gehweg nach Nüchternbrunn“ und wandert bergauf durch

Ein Rastplatz mit besonderem Flair - die Kapelle Nüchternbrunn

Toureninfos:

i Rundweg Osterwarngau - Nüchternbrunn - Taubenberghaus - Osterwarngau: rund zwei Stunden

Berggasthaus Taubenberg, Familie Maurer, Tel: 0 80 20/17 05, www.taubenberg.de
Öffnungszeiten: April bis Oktober: Donnerstag bis Sonntag, November bis März: Samstag und Sonntag, Betriebsferien: Mitte Dezember bis Ende Januar.

P Parkplatz bei der Pension Waldwinkl in Osterwarngau. Zufahrt: Autobahn A 8 München - Salzburg, Ausfahrt Holzkirchen, auf der B 318 Richtung Tegernsee, abzweigen nach Oberwarngau und weiter nach Osterwarngau. Am Ortseingang von Osterwarngau nach rechts abbiegen in den Nüchternbrunnweg (Wegweiser Pension Waldwinkl). Die Straße endet am Waldparkplatz bei der Pension.

Mischwald. Marterl mit Heiligenbildern säumen den Weg, der nach rund einer halben Stunde zur Kapelle Nüchternbrunn führt. Die 1710 erbaute Marien-Wallfahrtskapelle liegt idyllisch auf einer Lichtung. In der Klause neben dem Kirchlein lebte bis in die

60er Jahre noch ein Einsiedler. Man sollte sich unbedingt Zeit nehmen, auf den Bänken beim Brunnen zu sitzen und die ganz besondere Atmosphäre dieses Ortes auf sich wirken zu lassen. Für die Kinder gibt es jede Menge Möglichkeiten, auf der Lichtung oder im Wald zu spielen.

Bei unserem Besuch trafen wir mehrere Warngauer, die Wasser aus dem Brunnen in Flaschen oder Kanister abfüllten, weil dem Wasser Heilkräfte nachgesagt werden. Auch wer nicht daran glaubt: Das Brunnenwasser schmeckt hervorragend und ist wunderbar erfrischend.

Unterhalb der Kapelle weist ein Schild den Weg Richtung Taubenberghaus.

Es geht durch den Wald, über verschiedene Brückchen und knapp eine halbe Stunde, nachdem man Nüchternbrunn verlassen hat, erreicht man das Berggasthaus Taubenberg.

Der ökologisch bewirtschaftete Hof der Familie Maurer liegt auf einem sonnigen Hügel, von dem aus man einen weiten Blick auf das Mangfalltal hat. Auf der Aussichtsterrasse und in der gemütlichen Gaststube werden die frischen Produkte vom eigenen Hof angeboten. Die Ponys lassen sich

Vom Taubenberg hat man einen freien Blick auf das Alpenpanorama

Den Schlüssel zum Aussichtsturm erhält man im Taubenberghaus

geduldig streicheln, und wer genug gestreichelt hat, kann auf dem Spielplatz toben. Für den Rückweg schlägt man den oberhalb des Gasthofs bergaufführenden, anfangs asphaltierten Weg ein. Er führt zu einem Plateau mit einer kleinen Kapelle und schöner Fernsicht. Viele Wege treffen sich hier, und leider sind nicht alle beschriftet. Wir nehmen den Weg, der direkt links an der Kapelle vorbeiführt. Nach gut fünf Minuten erreicht man den Aussichtsturm (den Schlüssel kann man gegen eine Kaution beim Taubenberghaus bekommen).

An der nächsten Verzweigung geht man rechts bergab (Wegweiser nach Nüchternbrunn) und kommt zu einem Platz mit einem Baum in der Mitte. Man folgt dem Wegweiser nach Nüchternbrunn. Nur zwanzig Meter nach dem Platz zeigt ein Wegweiser nach links und weist uns den Weg nach Osterwarngau (nicht den mit Farbe auf die Bäume gesprühten Richtungsangaben folgen!). Bald darauf kommt man wieder auf den Kreuzweg, den man bereits beim Aufstieg benutzt hat und gelangt wieder zum Parkplatz.

39 Starnberger See - Schifffahrt

Mit der weiß-blauen Flotte lassen sich auf dem Starnberger See erlebnisreiche Ausflugstouren zusammenstellen. Die beiden großen Schiffe der Flotte sind bestens auf kleine Passagiere eingerichtet. Sowohl das MS Seeshaupt als auch der neue Galerie-Katamaran MS Starnberg haben eine Kinderspielecke mit Rutsche und einen Wickelraum.

Wer den ganzen See mit dem Schiff erkunden möchte, kann die Große Rundfahrt machen, die rund dreieinhalb Stunden dauert. Man kann während der Rundfahrt zweimal zu einem Landgang von Bord. Hier bietet sich mit den Kindern vor allem Tutzing an, da ganz in der Nähe der Schiffsanlegestelle im Brahmspark ein abwechslungsreicher Spielplatz liegt. Die rund einstündige nördliche Rundfahrt führt von Starnberg nach Berg, Leoni und über Possenhofen wieder zurück nach Starnberg.

Eine Schifffahrt lässt sich auch gut mit einem Spaziergang entlang des Ufers verbinden. Hier ein Vorschlag: Mit dem Schiff von Starnberg nach Berg übersetzen. Von der Schiffsanlegestelle spaziert man durch den Schlosspark zur Votivkapelle und weiter zur Anlegestelle beim Seehotel Leoni. Von dort geht es mit dem Schiff wieder zurück nach Starnberg.

Eine Schifffahrt lässt sich auch gut mit einer Fahrradtour am See verbinden. Grundsätzlich nehmen alle Schiffe Fahrräder mit. Bei großem Andrang kann es allerdings passieren, dass kleine Schiffe wegen Platzproblemen keine Fahrräder mehr an Bord nehmen können. Wer sicher gehen will, wählt die im Fahrplan mit einem „C" markierten Linien: auf diesen Strecken verkehren große Schiffe, die immer genügend Platz für Fahrräder haben.

Toureninfos:

i Staatliche Schifffahrt Starnberger See, Dampfschiffstr. 5, 82319 Starnberg, Tel.: 0 81 51/1 20 23 oder 08151/8061 www.seenschifffahrt.de

€ Preisbeispiel:
Große Rundfahrt: Erwachsene: 14.50 €, Familienkarte 32.- €, nördliche Rundfahrt: Erwachsene 7.50 €, Kinder von 6–14 Jahren zahlen die Hälfte.

P Parken beim Bahnhof in Starnberg, Parkhaus Seearkaden

H Von München mit der S 6 zur Station Starnberg See, der Bahnhof befindet sich am See ganz in der Nähe der Schiffsanlegestelle.

40 Starnberger See - Radtour von Ambach zur Votivkapelle

Je nach Lust und Kondition der Kinder kann diese Radtour am Ostufer des Starnberger Sees ganz individuell gestaltet werden: Die längste Variante - von Ambach zur Votivkapelle in Berg - misst knapp 28 Kilometer. Falls man es nicht bis Berg schafft, kann man auf dem Seeuferweg jederzeit umkehren.

Die große Radtour startet am Parkplatz beim Erholungsgelände in Ambach. Da im Uferbereich des Erholungsgeländes das Radfahren verboten ist und wir nicht unnötig schieben möchten, parken wir möglichst weit nördlich (nach der Kasse am Parkplatz rechts abbiegen und in einer der letzten Reihen das Auto abstellen). Jetzt braucht man das Rad

Idyllische Bootshütten am Ostufer des Starnberger Sees

Toureninfos:

i Erholungsgelände Ambach bis Votivkapelle: rund 14 Kilometer

Hotel am See, Ammerland, Tel.: 0 81 77/9320, Gasthof Gerer, Tel.: 0 81 77/7 00, Seehotel Leoni, Tel.: 0 81 51/50 60

P Großparkplatz am Erholungsgelände Ambach. Zufahrt: Autobahn A95, München – Garmisch, Ausfahrt Seeshaupt, hier Richtung St. Heinrich. In St. Heinrich nach Norden am Seeufer entlang Richtung Münsing fahren, beschilderte Abzweigung zum Erholungsgelände Ambach.

nur wenige Meter weit durch den großzügig angelegten Park am See zu schieben. Kurz hinter dem Bootshaus des Rettungsdienstes radelt man dann los und es geht durch den Campingplatz hindurch nach Ambach. Auf dem asphaltierten Sträßchen, das nur von Anliegern mit Sonderausweis befahren werden darf, radelt man äußerst bequem und mit schönen Ausblicken auf den See. Man passiert den Gasthof Fischmeister und kommt nach Seeheim, wo leider einige Villen den Blick zum See versperren.

In Ammerland bieten sich zwei schöne Möglichkeiten zur Einkehr: Das „Hotel am See" direkt am Dampfersteg lockt mit einem Biergarten und gutbürgerlicher Küche. Der Gasthof „Gerer", der rund 300 Meter oberhalb des Sees in der Hauptstraße 20 liegt, hat einen Biergarten und ein Wildgehege mit Damhirschen. Zur Weiterfahrt radelt man hinter dem „Hotel am See" kurz den Berg hinauf und hält sich an der Gabelung links. Vorbei am Pocci-Schloss und Prunkvillen geht es langsam wieder bergab und man gelangt bald zum „Seehotel Leoni".

Zur Votivkapelle ist es jetzt nur noch ein knapper Kilometer. Auf den rund 400 Metern vom Seehotel bis zum Eingang des Schlossparks ist leider mit Autoverkehr zu rechnen (für die Kinder gibt es aber einen Bürgersteig). Kurz hinter dem Eingangstor zum Park radelt man den Feldweg links hinunter und sieht bald die Votivkapelle erhaben über dem See thronen, umgeben von riesigen Bäumen. Im seichten Wasser des Sees ragt das große Kreuz empor, das an den sagenumwobenen Tod von König Ludwig II. im Jahr 1886 erinnert.

Über die herrschaftliche Freitreppe steigt man hoch zur Votivkapelle. Von Ostersonntag bis zum letzten Sonntag im Oktober kann man durch ein großes vergittertes Tor die farbenprächtige Malerei im Innern bewundern. Zurück fährt man auf dem gleichen Weg.

41 Feldafing - Von Possenhofen zur Roseninsel

Ziel dieser schönen Wanderung entlang des Starnberger Sees ist die Roseninsel, zu der man sich mit einem historischen Holzkahn übersetzen lassen kann. Seit 2003 kann man dort auch das frisch restaurierte Casino von König Maximilian II. besichtigen. Gestartet wird im Freizeitgelände in Possenhofen, einem weitläufigen Park, der direkt am Ufer des Starnberger Sees liegt. Hier gibt es auch einen großen Spielplatz mit schönen Holzspielgeräten, wie Hütten, Schaukeln und einem Fort mit Wackelbrücke. Am Ufer entlang, Richtung Süden, führt der Weg bald am Schloss

Das Rosenrondell vor dem Casino liebte schon Ludwig II.

Toureninfos:

Possenhofen – Roseninsel und zurück:
rund 6 Kilometer
www.roseninsel.org
www.schloesser.bayern.de
Informationen zum Fährbetrieb
bei Norbert Pohlus, Tel.: 0171/7 22 22 66
www.faehre-roseninsel.de

Fähre zur Roseninsel: Von Mai bis
Oktober bei schönem Wetter:
Montag bis Samstag: 11.00 bis 18.00 Uhr,
Sonntag: 10.00 bis 18.00 Uhr,
Öffnungszeiten Casino: Mai bis Mitte
Oktober, täglich außer Montag:
12.00 bis 18.00 Uhr

Fähre zur Roseninsel: Erwachsene:
4.- €, Kinder ermäßigt.
Eintritt Casino:
Erwachsene: 3.- €
Kinder: 2.- €

Großparkplatz am Erholungsgelände in Possenhofen, Zufahrt: Autobahn A 95, Ausfahrt Starnberg, in Starnberg Richtung Tutzing, Seeshaupt fahren, kurz vor Possenhofen ist das Erholungsgelände ausgeschildert.

S-Bahn S6 Richtung Tutzing, Station Possenhofen, vom Bahnhof knapp ein Kilometer zum Erholungsgelände.

In einem Holzkahn bringt der Fährmann die Besucher zur Roseninsel

Possenhofen vorbei. Dort hielt sich früher öfters die Kaiserin Elisabeth von Österreich, besser als Sisi bekannt, auf. Heute ist das ehemalige Schloss in eine Wohnanlage umgebaut.

Nach gut einem Kilometer führt der Weg durch einen kleinen Torbogen und stößt auf eine Fahrstraße. Wir folgen der Straße nach links, kommen am Yachtclub vorbei und biegen dann wieder in den autofreien Kiesweg ein. Kurz geht es durch den Wald, bis der Weg wieder zum Ufer führt. Man passiert das Forsthaus am See (gehobene Küche, schöner Biergarten am See), das Strandbad Feldafing und kommt nach insgesamt drei Kilometern zum Plantanen-Rondell, wo die Fähre zur Roseninsel ablegt.

Mit einer Plette geht es hinüber auf die Insel, die schon vor 6.000 Jahren besiedelt war. Im 19. Jahrhundert ließ hier König Maximilian ein Gartenseparée, das sogenannte Casino, errichten, zu dem ein fliederumhegtes Rosenrondell mit 360 Hochstammrosen gehörte. Maximilians Sohn, der Märchenkönig Ludwig II., liebte das romantische Refugium, wo er sich oft mit Sisi traf. Nach dem Tod des Königs versank die Insel im Dornröschenschlaf, das Casino verfiel. 1999 wurde dann ein Förderkreis gegründet, der sich für die Restaurierung einsetzte. Jetzt erstrahlt das Erdgeschoss des Casinos wieder im alten Glanz und kann besichtigt werden. Der Rosengarten wurde nach historischem Vorbild wieder angelegt und im ehemaligen Gärtnerhaus informiert eine Ausstellung über die wechselvolle Geschichte der Insel (Eintritt frei).

Nachdem man mit der Fähre wieder das Festland erreicht hat, geht man auf dem gleichen Weg wieder zurück.

42 Tutzing - Brahmspark

Der Kinderspielplatz im Brahmspark ist von seiner Lage her sicher einer der schönsten in ganz Deutschland. Man hat von hier einen wunderbaren Blick über den Starnberger See und weiter zu den Alpen. Die Kinder begeistern sich für die schönen Holzspielgeräte. Am flachen Ufer können sie bei schönem Wetter auch im Wasser spielen.
Den Spaziergang beginnt man am besten bei der Evangelischen Akademie, die in einem alten Schloss beheimatet ist. In der gleichen Bucht liegt der Dampfersteg, wo die Schiffe der weiß-blauen Flotte anlegen.
Kurz darauf kommt man zum Brahmspark. Eine Büste des Komponisten erinnert daran, dass Johannes Brahms in Tutzing im Sommer 1873 drei bedeutende Streichquartette komponiert hat.

An den Löwen im Brahmspark kommt kaum ein Kind vorbei, ohne einen Ritt zu wagen

Toureninfos:

Wirtschaft im Nordbad: von Mai bis September bei schönem Wetter täglich geöffnet, Tel: 0 81 58/68 19
www.nordbad.de
Härings Biergarten: im Sommer täglich geöffnet, Tel.: 0 81 58/12 16
www.haering-wirtschaft.de

Parkplätze am See sind in Tutzing rar. Am besten parkt man an den Straßen in der Nähe der Evangelischen Akademie. Zufahrt: Autobahn A 95 München – Garmisch, Ausfahrt Starnberg, in Starnberg dann über Possenhofen und Feldafing nach Tutzing fahren.

S-Bahn S6 nach Tutzing, vom Bahnhof gut ein Kilometer Fußweg hinunter zur Schiffsanlegestelle bei der Evangelischen Akademie und dann kurz am See entlang in den Brahmspark.

Einer der schönsten Spielplätze Deutschlands: der Brahmspark am Starnberger See

Die Kinder interessieren sich bestimmt mehr für die Schaukeln, Rutschen und Klettergeräte, während die Eltern den Blick über den See genießen können.Geht man vom Brahmspark in nördliche Richtung kommt man vorbei an Härings Wirtschaft, vor der zwei eiserne Löwen am Seeufer wachen.

Nach wenigen hundert Metern erreicht man die Windsurfing-Schule, zu der die Wirtschaft im Nordbad gehört. Hier sitzt man auf einem breiten Holzsteg, der ins Wasser hinausgebaut ist und fühlt sich wie im Urlaub in südlichen Gefilden.

Wer Lust auf einen größeren Spaziergang hat, kann von hier aus weiter bis zur Roseninsel gehen. Der rund vier Kilometer lange Weg führt vorbei am Sommerschloss der Thurn und Taxis, ehe man in den Feldafinger Park kommt, wo am Plantanen-Rondell die Fähre zur Roseninsel ablegt (siehe Tour 41).

Begeistert werden die Kinder sein, wenn man ihnen vorschlägt, von Starnberg mit dem Schiff nach Tutzing zu fahren, dort im Brahmspark zu spielen und dann wieder mit dem Schiff zurückzufahren (siehe Tour39).

43 Bernried - Rundweg durch den Seepark

Beim Rundweg durch den Bernrieder Park erlebt man den Starnberger See aus zwei Perspektiven: Zuerst quasi hautnah auf dem Uferweg, später aus der Vogelperspektive, wenn man auf einem Höhenrücken wieder zurück zum Ausgangspunkt wandert.

Vom Parkplatz im Hof des Klosters der Missions-Benediktinerinnen geht man links an der Kirche vorbei Richtung See und stößt geradewegs auf die Schiffsanlegestelle von Bernried. Hier wandert man nach rechts am See entlang , geht um das Strandbad herum und folgt immer dem Uferweg. Nach rund eineinhalb Kilometern passiert man eine malerische, direkt am Ufer gelegene Villa. Jetzt sind es nur noch wenige hundert Meter, bis rechts ein Weg abzweigt, der bergauf führt und bald auf einen Querweg - den Prälatenweg - trifft. Hier biegt man nach rechts ein. Der Prälatenweg verläuft über Wiesen und durch kleine Waldstücke (Markierung: zwei blaue Krummstäbe) direkt zur Rückseite des Klosters. Sehr lohnend ist es, nach der Wanderung die Hofmarkkirche vor dem Kloster zu besichtigen.

Toureninfos:

i Rundweg vom Kloster durch den Park und zurück: rund vier Kilometer

P Parkmöglichkeit im Hof des Klosters Bernried. Zufahrt: Autobahn A 95 München – Garmisch, Ausfahrt Starnberg, weiter durch Feldafing und Tutzing nach Bernried. Von der Durchgangsstraße Richtung Ortsmitte abzweigen und zum Kloster fahren.

H Bahnstrecke München – Kochel, Bahnhof Bernried, vom Bahnhof rund 1400 Meter zum Kloster.

Buchheim-Museum in Bernried: für größere, interessierte Kinder zu empfehlen.
Neben der berühmten Expressionisten-Sammlung gibt es im Untergeschoss Exponate, die besonders Kinder ansprechen: Eine Zirkusausstellung, lustige, aus Blättern gefertigte Tiere und Marionetten.
www.buchheimmuseum.de
Infotelefon: 0 81 58/99 70 20
Der Weg zum Museum ist in Bernried gut ausgeschildert.

44 Maisinger See

Der 1680 von Mönchen zur Fischzucht angelegte Maisinger See hat sich zu einem Vogelparadies entwickelt. Da der See von einem breiten Schilfgürtel umgeben ist und immer weiter verlandet, finden die einheimischen Vögel hier ideale Lebensbedingungen. Bester Beobachtungspunkt ist der Damm beim Maisinger Seehof. Ausgerüstet mit einem Fernglas kann man mit den Kindern auf Vogelpirsch gehen.

Vom Maisinger Seehof führt ein rund 8 Kilometer langer Rundweg um den See. Mit kleinen Kindern ist das eine kurzweilige Radtour, mit größeren Kindern kann man die Strecke auch gut wandern. Wegen des Schilfgürtels sieht man leider auf der Tour wenig vom See, der Weg ist aber trotzdem empfehlenswert, da er durch eine reizvolle Naturlandschaft führt. Im Sommer kann man im Maisinger See übrigens gut baden. Im Winter ist er wegen seiner geringen Tiefe einer der ersten Seen in der Umgebung, die zufrieren. Dann treffen sich die Eisläufer am Maisinger See.

Von der Gaststätte aus fährt man auf dem unterhalb des Dammes führenden Weg nach Süden. Über einen Wie-

Natur pur am Maisinger See

senweg geht es immer geradeaus bis zur ersten Gabelung, an der man in Richtung Aschering, Andechs nach rechts abbiegt. Der Weg entfernt sich vom See, bis er auf den Verbindungsweg zwischen Aschering und Jägersbrunn trifft. Hier biegt man nach rechts ab und radelt oder wandert über einen bequemen Feldweg zum Weiler Jägersbrunn, einer dörflichen Idylle mit Ententeich und Hirschgatter. Nach dem Ententeich biegt man nach rechts in den asphaltierten Fahrweg ein. Hier ist mit Autos zu rechnen, doch es ist wenig Verkehr. Man folgt dem Fahrweg, bis am Ende des Schilfs

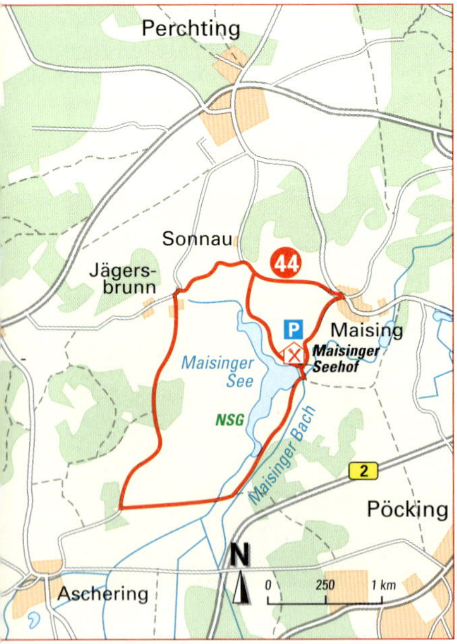

➤ Toureninfos:

i Rundweg: rund 8 Kilometer

Gaststätte Maisinger Seehof,
Tel: 0 81 51/74 42 42, Montag Ruhetag,
April bis Oktober geöffnet.
www.maisingerseehof.de

P Parkplatz an der Gaststätte Maisinger Seehof. Zufahrt: Autobahn A95 München – Garmisch, Ausfahrt Starnberg, in Starnberg auf der B2 Richtung Weilheim, kurz hinter Neu-Söcking nach rechts abzweigen Richtung Perchting. Am westlichen Ortsrand von Maising zweigt ein Fahrweg ab, der mit dem kleinen Wegweiser „Zum See 1 km" gekennzeichnet ist.

nach rechts ein Pfad abzweigt. Über eine Moorwiese gelangt man zum Ausgangspunkt

Spätestens jetzt steht die Einkehr im Maisinger Seehof auf dem Programm. Vom Biergarten der Gaststätte, der auf einem Damm zwischen dem Lokal und dem See liegt, kann man sogar beim Essen die Möwen beobachten. Die engagierten Wirtsleute servieren gute einheimische Küche zu bezahlbaren Preisen. Für die Kinder gibt es auch einen Spielplatz.

45 Wessobrunn - Kloster und Tassilolinde

Wessobrunn hat neben seinen berühmten Stuckarbeiten auch für Kinder Interessantes zu bieten: den alten Römerturm, die Teiche beim Brunnenhaus und schließlich die uralte Tassilolinde, die man bei einem gemütlichen Rundweg ums Kloster herum besuchen kann.

Im Klosterhof fällt zuerst der massige, einzelne Turm aus grauen Stein-

Die legendäre Tassilolinde

Toureninfos:

Rundweg zur Tassilolinde:
40 Minuten.

Führungen durch das Kloster
(Tel. 08809/92110):
Nov. bis Febr.: Dienstag bis Samstag: 15.00 Uhr, Sonn- und Feiertage: 15.00 und 16.00 Uhr; März - Okt.: Dienstag bis Samstag: 10.00, 15.00 und 16.00 Uhr, Sonn- und Feiertage: 15.00 und 16.00 Uhr
www.kloster-wessobrunn.de

Gasthof zur Post, Tel.: 08809/208
www.gasthof-wessobrunn.de

im Klosterhof, an der Straße von Weilheim nach Landsberg, in Wessobrunn ausgeschildert

quadern auf: der „Römerturm" oder „graue Herzog", der bereits um 1250 erbaut wurde. Nachdem man einen Blick in die reichverzierte, barocke Pfarrkirche St. Johann Baptist geworfen hat, gelangt man zwischen Kirche und Römerturm zum barocken Brunnenhaus mit seinen drei Arkaden. Davor tummeln sich in drei Teichen munter die Forellen.

Das Brunnenhaus beim Kloster

Zur rund 1.000 Jahre alten Tassilolinde gelangt man, wenn man rechts der Teiche den Weg hinauf zu der kleinen Straße geht und sich immer rechts entlang der Klostermauern hält. Das Schild „Naturdenkmal" kennzeichnet die berühmte Linde, deren Stamm einen Umfang von über 13 Metern hat.

Unter dem schützenden Dach dieser Linde soll der Gründer des Klosters, Bayernherzog Tassilo III. im Jahr 753 die Nacht verbracht haben. Der ursprüngliche Baum war der innere Kern, um den immer neue Triebe zu mächtigen Stämmen herangewachsen sind.

Rechts an der Linde vorbei führt der Weg hinunter zu einer kleinen Holzbrücke über einen Bach. Nach der Brücke geht man links, am kleinen Wasserwerkshäuschen nach rechts und kommt bald auf eine Dorfstraße. An Bauernhöfen vorbei, biegt man kurz vor der Hauptstraße in den beschilderten Weg nach rechts ein und gelangt wieder in den Klosterhof.

Mit größeren Kindern kann man eine Führung durch die kunsthistorisch berühmten Innenräume des Klosters machen. Vor dem altehrwürdigen Gasthof zur Post, dem Kloster gegenüber, steht unter einer alten Linde der berühmte Findling, auf dem das „Wessobrunner Gebet" in Stein gemeißelt wurde.

Das Gebet gilt als ältester Text der deutschen Sprache. Er ist im Jahr 814 inmitten der damals alles beherrschenden lateinischen Literatur in einer Handschrift erschienen. 1875 wurde der Text von dem Historiker Johann Nepomuk Sepp auf dem Findling verewigt.

46 Radtour durchs Moos zur Erdfunkstelle Raisting

Auch an strahlend schönen Sonntagen, wenn es am Starnberger See nur noch Stehplätze gibt, ist es im Moorgebiet nördlich von Weilheim ruhig und beschaulich. Hier kann man durch die idyllische oberbayerische Wiesenlandschaft eine Radtour zu den futuristisch anmutenden Parabolantennen der Erdfunkstelle Raisting unternehmen.

Die knapp 12 Kilometer lange Rundtour beginnt am Parkplatz vor der Ammerbrücke in Wielenbach. Gleich nach der Überquerung der Brücke fährt man nach rechts in die Straße, die nur für land- und forstwirtschaftlichen Verkehr freigegeben ist. Die Straße führt geradewegs auf eine Unterführung zu. Hier unterquert man den Bahndamm und folgt dem Feldweg immer geradeaus Richtung Norden zum Oberen Ammerhof. Nachdem man den Hof passiert hat, biegt man nach links in den asphaltierten Weg ein, der geradewegs wieder zur Bahnlinie führt. Vor dem Bahndamm fährt man nach rechts und kann bald auf einer Brücke die

In Raisting treffen bayerische Geschichte und moderne Technik aufeinander – die Kapelle St. Johann vor den Parabolantennen der Erdfunkstelle

46

Eisenbahn überqueren. Direkt nach der Brücke fährt man geradeaus und biegt dann die nächste Straße nach links ein, wo man auch schon die Parabolantennen der Erdfunkstelle sieht. Hier liegt auch der Raistinger Weiher, an dessen Ufer ein schöner Badeplatz mit Grillstelle angelegt ist.

Vorbei am Besucherparkplatz der Erdfunkstelle radelt man nun direkt auf das riesige, weiße Ei zu, das sogenannte „Radom" (Kunstwort aus „Radar" und „Dom"). Das Radom ist die Schutzhülle für die erste Großantenne in Raisting, die 1965 in Betrieb ging. Technische Verbesserungen ermöglichten es, dass die nächsten Antennen, die in Raisting gebaut wurden, keine Schutzhüllen mehr benötigten.

Toureninfos:

i Rundweg Wielenbach – Raisting – Wielenbach: 12 Kilometer

Direkt am Weg keine Einkehrmöglichkeit. In Wielenbach und Raisting Gasthöfe vorhanden. Wir empfehlen, eine Brotzeit mitzunehmen und bei der Wallfahrtskapelle St. Johann eine ausgedehnte Rast zu machen.

P B2 Starnberg-Weilheim, ca. 1 km nördlich von Weilheim nach Wielenbach abbiegen, auf der Durchgangsstraße durch den Ort, beim Gasthof Neuwirt in die Brunnenbachstraße einbiegen. An dem kleinen Bahnübergang überquert man die Gleise und folgt der Straße bis kurz vor der Ammerbrücke. Hier kann man parken.

H Bahnstrecke Augsburg – Weilheim, Bahnhof Raisting. Von dort rund einen Kilometer zur Erdfunkstelle, hier Einstieg in den Rundweg.

Die Parabolantennen der Erdfunkstelle Raisting kommunizieren direkt mit den geostationären Satelliten

Die Raistinger Anlage ist eine der weltweit größten und wichtigsten Erdfunkstellen. Die Parabolantennen kommunizieren direkt mit den geostationären Satelliten und übertragen unter anderem Telefongespräche. Ruft man von München aus die Oma in New York an, werden die elektrischen Signale per Kabel von München nach Raisting geleitet. Hier werden sie an einen Satelliten gefunkt, der die Informationen dann an eine Erdfunkstelle in der Nähe von New York sendet. In der amerikanischen Erdfunkstelle wird das Gespräch wieder in das Kabelnetz geleitet, über das es dann die Oma erreicht.

Wenn man links am Radom vorbeifährt, führt der Weg nach Süden zur kleinen Wallfahrtskapelle St. Johann, wo man auf den schattigen Bänken prima Brotzeit machen kann.

Von der Kapelle geht es weiter Richtung Süden mit Blick auf die Alpenkette. Sobald man auf einen Querweg trifft, biegt man nach links ab. An der nächsten Abzweigung geht es geradeaus – immer entlang des Entwässerungsgrabens. An der nächsten Gabelung hält man sich rechts und fährt auf dem Feldweg weiter, bis man auf eine schmale Straße stößt, die entlang des Bahndamms führt. Man biegt nach rechts in die Straße ein und folgt ihr, bis man wieder die Ammerbrücke erreicht.

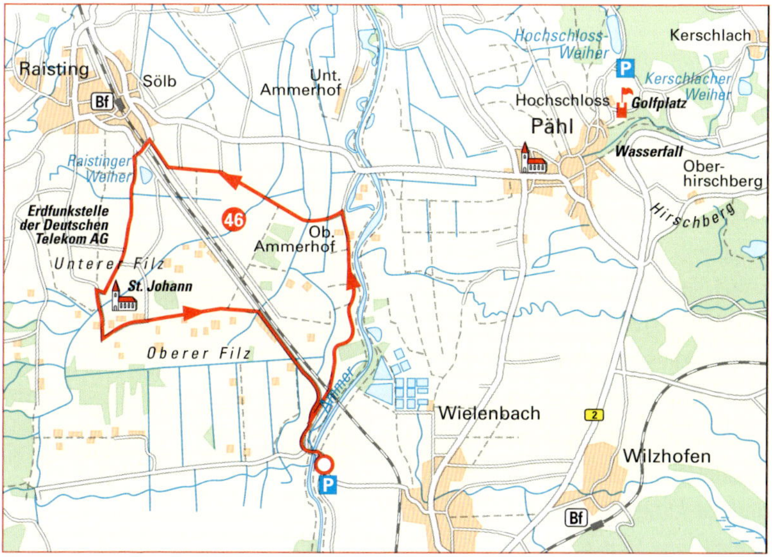

47 Ammersee - Schifffahrt

Um einmal mit einem echten Schaufelraddampfer zu fahren, muss man nicht bis an den Mississippi reisen - ein MVV-Ticket nach Herrsching genügt.

Zur Ammersee-Flotte gehören nämlich zwei echte Schaufelraddampfer: der 1908 gebaute RMS Diessen und der 2002 in Dienst gestellte RMS Herrsching, auf dem Nostalgie und High-Tech eine gelungene Verbindung eingehen. Auf dem RMS Herrsching gibt es für die kleinen Gäste auf dem Freideck auch einen extra Erlebnisbereich.

Es werden verschiedene Rundfahrten angeboten: Die nördliche Rundfahrt dauert rund zwei Stunden, bei der südlichen Rundfahrt ist man rund eineinviertel Stunden unterwegs. Mit größeren Kindern, die begeistert Schiff fahren, kann man auch die dreieinhalbstündige große Rundfahrt unternehmen. Natürlich kann man auch Einzelfahrten zwischen den verschiedenen Orten am See buchen. Empfehlenswert ist die Fahrt nach Utting zur Alten Villa und ins Freizeitgelände (siehe Tour 48).

Toureninfos:

Schifffahrt Ammersee
Landsberger Straße 81
82266 Inning/Stegen
Telefon: 0 81 43/9 40 21
www.seenschifffahrt.de

Regelmäßig Fahrten von zirka Mitte April bis Mitte Oktober

Nördliche Rundfahrt:
Erwachsene: 11.30 €, südliche Rundfahrt: Erwachsene: 9.- €
große Rundfahrt:
Erwachsene: 14.50 €, Kinder von 6 bis 14 Jahren zahlen die Hälfte.

Parkplatz neben der Schiffsanlegestelle in Herrsching

Von München mit der S5 zur Station Herrsching, vom Bahnhof 300 Meter zur Schiffsanlegestelle.

Utting - Freizeitgelände und Alte Villa (Tour 48)
Utting - Ex Ornaments Maislabyrinth (Tour 49)

Der Schaufelrad-dampfer RMS Herrsching auf dem Ammersee

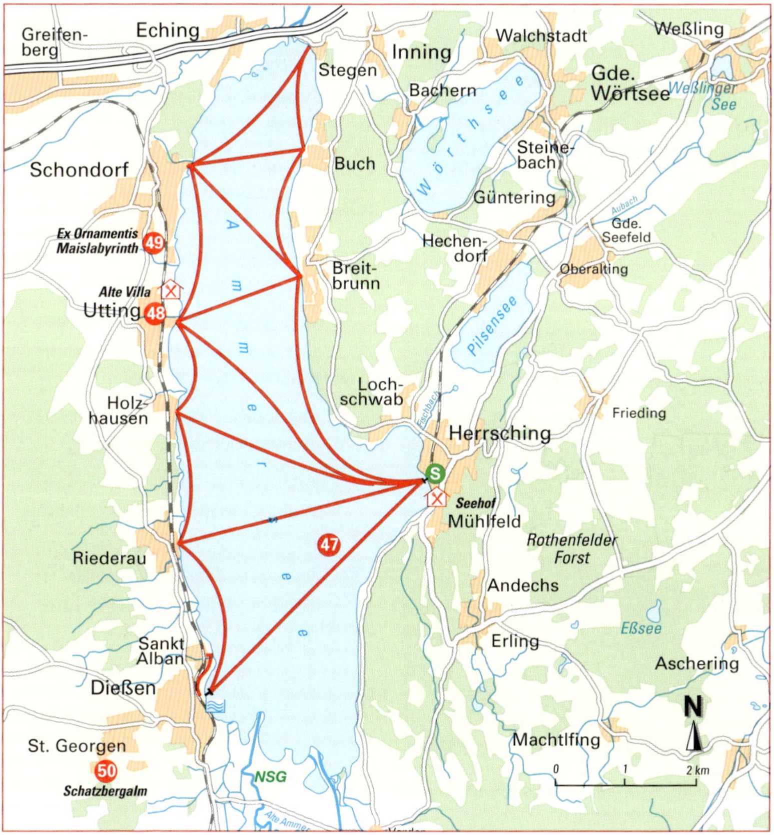

48 Utting - Freizeitgelände und Alte Villa

Am Ammersee gibt es viele schöne Parks. Uns hat es mit den Kindern in Utting sehr gut gefallen. Das Freizeitgelände am See ist großzügig angelegt und bietet am flachen Ufer viele Spielmöglichkeiten. Im Sommer kann man hier natürlich gut baden. Geht man vom Park in südlicher Richtung am Schilfufer entlang, kommt man zur Alten Villa. Hier werden von Ostern bis Ende September im Biergarten an Brotzeitständen bayerische Schmankerl angeboten. Für die Kinder gibt es direkt am Biergarten einen großen, abwechslungsreichen Spielplatz.

Im Sommer sind am Ammersee unzählige Segelboote zu bewundern

Toureninfos:

Alte Villa Utting, Seestr. 32
86919 Utting, Telefon: 0 88 06/6 17
www.alte-villa-utting.de
Biergarten ab Ostern bis Ende September bei schönem Wetter täglich geöffnet

Großparkplatz am Erholungsgelände Utting. Zufahrt: A96 München – Lindau, Ausfahrt Greifenberg, über Schondorf Richtung Dießen fahren, kurz vor Utting Wegweiser zu den Parkplätzen

Mit der S5 nach Herrsching und weiter mit dem Schiff zur Anlegestelle Utting (siehe Tour 47) oder Anfahrt mit dem Zug: Zugstrecke Augsburg – Weilheim, Bahnhof Utting (vom München kommend fährt man mit der S4 nach Geltendorf und steigt dort in den Zug nach Utting). Vom Bahnhof kommt man direkt in den Park am See und zur Schiffsanlegestelle. Von hier geht man in nördlicher Richtung am Ufer entlang.

Ammersee – Schifffahrt (Tour 47)
Utting – Ex Ornamentis Maislabyrinth (Tour 49)

Ideal zum Plantschen und Spielen – das flache Ufer am Freizeitgelände bei Utting

Besonders empfehlenswert ist der Besuch der Alten Villa, wenn im Biergarten eine Jazz- oder Dixieband spielt (bei schönem Wetter an Sonn- und Feiertagen von 10.30 bis 14.00 Uhr sowie am Samstag von 19.00 bis 22.00 Uhr).

Man kann das Uttinger Freizeitgelände mit dem Auto anfahren. Mehr Spaß macht es aber, wenn man mit dem Schiff von Herrsching übersetzt – am besten natürlich mit dem Schaufelraddampfer.

Vom Landungssteg in Utting läuft man rund zehn Minuten zur Alten Villa.

Tipp

Von Mitte Juli bis Ende September sollte man es nicht versäumen, vom Freizeitgelände zum Ex Ornamentis Maislabyrinth zu spazieren, das am Hang zwischen der Straße und dem See liegt.

49 Utting - Ex Ornamentis Maislabyrinth

Die Idee, in einem Maisfeld ein Labyrinth anzulegen, stammt aus Amerika und findet in Deutschland immer mehr Anhänger. Eines der fantasievollsten und spannendsten Labyrinthe Deutschlands findet man in Utting am Ammersee: das Ex Ornamentis Labyrinth, das von Corinne und Uli Ernst mit viel Engagement seit 1999 jeden Sommer neu geschaffen wird.

Für die Kinder ist das Maisfeld-Suchspiel die große Attraktion: An der Kasse erhalten sie die Aufgabe, einen kniffligen Fall zu lösen. Dazu müssen sie im Labyrinth die auf dem Aufgabenzettel genannte Station finden und erfahren dort weitere Instruktionen - ähnlich wie bei einer Schnitzeljagd. Durch die engen Gänge zwischen den hohen Maispflanzen machen sie sich dann auf die Suche nach der nächsten Station. Gelöst ist der Fall, wenn alle Stationen aufgespürt worden sind. Wer alle Aufgaben richtig erfüllt hat, bekommt einen kleinen Preis.

Die Wege führen nicht einfach nur rechtwinklig durch das Feld, sondern bilden jedes Jahr ein spezielles, künst-

Toureninfos:

Ex Ornamentis - das Labyrinth im Sonnenblumen-Maisfeld,
im Freizeitgelände Utting
www.exornamentis.de
Kontakt: Corinne und Uli Ernst,
Schondorfer Str. 22, 86919 Utting
Tel: 08192 / 93 46 83

Mitte Juli bis Mitte September täglich 11.00 bis 19.00 Uhr.

Erwachsene: 4.50 €,
Kinder 6 bis 11 Jahre: 3.50 €

Parkmöglichkeit an der Zufahrtsstraße zum Labyrinth, Zufahrt: A 96 München - Lindau, Ausfahrt Greifenberg, durch Schondorf Richtung Utting/Dießen fahren, kurz vor Utting Wegweiser zum Maislabyrinth beachten.

Von München mit der S5 nach Herrsching, von hier mit dem Schiff nach Utting übersetzen. Vom Landungssteg am See nach Norden, vorbei an der Alten Villa in das Freizeitgelände, das Maislabyrinth liegt hinter der Segelschule Ernst. Oder mit dem Zug: Zugstrecke Augsburg - Weilheim, Bahnhof Utting, in 15 Minuten zu Fuß am See entlang zum Labyrinth (von München fährt man mit der S4 nach Geltendorf und steigt dort in den Zug nach Utting).

Ammersee - Schifffahrt (Tour 47)
Utting - Freizeitgelände und Alte Villa (Tour 48)

lerisches Muster, das man im Luftbild gut erkennt.

Als die beiden 1999 zum ersten Mal das 20.000 Quadratmeter große Feld in einen Irrgarten verwandelten, wählten sie keltische und indianische Muster. 2002 sollte dann die Weltkarte das Muster für die Gänge sein. Dazu genügte es nicht mehr, mit Zirkel und Maßband die Vermessung zu machen. In Kooperation mit der Fachhochschule München, Fachbereich Geo-Informationswesen, wurde die Weltkarte mit modernster Satelliten-Navigation zentimetergenau in das Feld eingemessen. Im Einsteinjahr 2005 diente das Portrait des berühmten Physikers als Vorbild. An heißen Tagen gibt es für die Kids noch eine zusätzliche Attraktion – dann ist nachmittags die 75 Meter lange Naturwasserrutsche in Betrieb. Auf Anfrage werden auch Kindergeburtstagsfeiern im Maislabyrinth organisiert.

Tipp

Zweimal pro Jahr – meist Anfang September – findet im Labyrinth eine Horrornacht mit Schatzsuche statt. Zu nächtlicher Stunde bevölkern dann Monster und Gespenster die verschlungenen Wege durch den Mais. Erfahrene Schatzsucher bringen eine Taschenlampe mit.

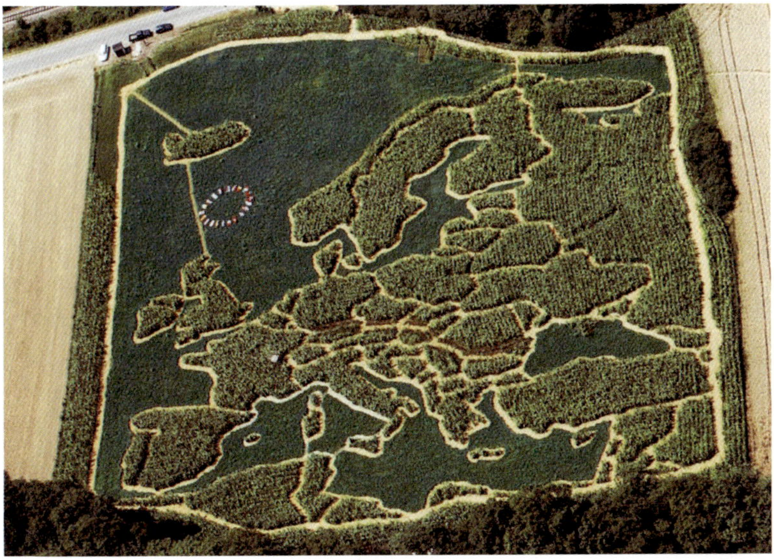

Irrgarten in der Gestalt Europas – das Ex Ornamentis Maislabyrinth im Sommer 2003 aus der Luft betrachtet

50 Dießen - Schatzbergalm

In Dießen zieht es die meisten Besucher zum Ammersee. Nur wenige wissen, dass auch das Hinterland einen Ausflug wert ist - so wie zum Beispiel der 675 Meter hohe Schatzberg mit der urigen Schatzbergalm.

Vom Weg beim Ziegelstadl, wo das Auto abgestellt wurde, folgt man dem Schild Waldlehrpfad nach rechts. Verlaufen kann man sich auf der bewaldeten Bergkuppe eigentlich nicht - viele Wegweiser leiten den Wanderer und letztendlich führen alle Wege zur Schatzbergalm, wie der Besitzer Patrick Däubel süffisant bemerkt.
Das gemütliche Berggasthaus liegt am Südhang des Schatzbergs und wird daher von der Sonne verwöhnt. Auf der Speisekarte werden vor allem bodenständige Gerichte angeboten, ab 11 Uhr gibt es durchgehend warme Küche. Die Eltern können im Biergarten richtig relaxen, denn die Kids werden nicht so schnell zum Aufbruch blasen: auf dem Spielplatz und den weitläufigen Wiesen auf der Alm finden sie genügend Beschäftigung. Für den Rückweg orientiert man sich am besten an der Beschilderung der Rundwege 5 und 6, die wieder zum Ausgangspunkt zurückführen.

Die Schatzbergalm liegt oberhalb von Dießen

Toureninfos:

Rundweg vom Parkplatz zur Schatzbergalm und zurück: rund eine Stunde

Restaurant Biergarten Schatzbergalm
Ziegelstadel 11
86911 Dießen am Ammersee
Tel.: 0 88 07/67 80
www.schatzbergalm.de
Montag Ruhetag

Dießen liegt am südwestlichen Ufer des Ammersees. In Dießen Richtung Landsberg - Schongau abbiegen. An der nächsten Gabelung Richtung Schongau fahren, danach links abbiegen Richtung St. Georgen. Dem Wegweiser zur Schatzbergalm folgen bis zur Gabelung Ziegelstadl. Hier nicht dem Wegweiser zur Schatzbergalm folgen, sondern nach rechts abbiegen (Wegweiser Waldlehrpfad). Am Ende des Weges parken.

51 Schöngeising - Bauernhofmuseum Jexhof

Wie die Bauern vor hundert Jahren lebten, kann man im idyllisch gelegenen Jexhof erfahren. Der Dreiseithof, der als Hofstelle erstmals 1433 urkundlich erwähnt wurde, ist seit 1987 ein Museum. Durch die reizvolle Lage am Rande des Naturschutzgebietes Wildmoos lässt sich ein Besuch des Einödhofes sehr gut mit einem erholsamen Spaziergang oder mit einer Radeltour (siehe Tour 52) verbinden.

Sowohl die früheren Stallungen und Scheunen als auch die Wohnung der Bauersleute sind liebevoll mit alten Geräten und Mobiliar ausgestattet. Vom Oldtimer-Fahrrad über das Gäuwagerl bis hin zum Motorkarren findet

Auf so einem Herd hat noch die Oma gekocht

Toureninfos:

Jexhof Bauernhofmuseum des Landkreises Fürstenfeldbruck
82296 Schöngeising
Tel: 08153/93 250
Museumsverwaltung:
Landratsamt Fürstenfeldbruck,
Tel: 08141/519-205
www.jexhof.de

Palmsonntag bis 31. Oktober: täglich außer Montag: 13.00 bis 17.00 Uhr, ist montags Feiertag, ist trotzdem geöffnet, Karfreitag geschlossen.

Erwachsene: 3.00 €
Kinder 6 – 16 Jahre: 1.50 €

Einkehr im Stüberl des Eingangsgebäudes

Autobahn A 8, Ausfahrt Fürstenfeldbruck, auf der B 471 Richtung Inning - Abfahrt Schöngeising - nach Mauern (ab hier ausgeschildert) oder A 96 München - Lindau, Ausfahrt Wörthsee (ab hier ausgeschildert)

S 4 Richtung Geltendorf, Station Schöngeising, ab hier ausgeschilderter Fußweg, ca. 30 Minuten

Radtour beim Jexhof (Tour 52)

51

man in der Scheune alte Fahrzeuge der ehemaligen Bewohner. Daneben sieht man auch, wie mit Kartoffeldämpfer und dem alten Sparherd das Futter für die Tiere zubereitet wurde.

Gleich neben dem Stall befinden sich die Wohnräume. Komplett eingerichtet ist die gute Stube mit ihrem gemütlichen Kachelofen. In der Küche kann man den Kohleherd und das früher übliche Geschirr bestaunen. Frisch bezogen mit karierter Bettwäsche sind die Betten in der Schlafkammer des Bauernehepaars, wo auf dem Waschtisch Wasserkrug und Waschschale bereitstehen.

Auf dem Heuboden findet man eine Ausstellung über die Verarbeitung von Lebensmitteln, die auf dem Hof erzeugt wurden. Man erfährt, wie früher Butter, Sauerkraut und Most produziert wurden. Im Backhaus befindet sich noch der gemauerte Ofen, in dem 30 Brotlaibe gebacken werden konnten.

Über dem Backhaus ist auf dem Dachboden eine Dauerausstellung über die Flachsverarbeitung zu sehen. Hier wird jeder Schritt gezeigt, der notwendig war, um aus der Flachspflanze ein Leinenhemd herzustellen.

Kaum zu glauben, dass der Traktor einmal richtig gefahren ist

Fressen mag das Pferd im Bauernhofmuseum Jexhof nicht – es ist aus Holz

Daneben gibt es wechselnde Sonderausstellungen, zu denen ein abwechslungsreiches Begleitprogramm für alle Altersstufen angeboten wird. Zum Publikumsmagnet hat sich der Handwerker- und Familientag entwickelt.

Tipp

Für Gruppen und Schulklassen werden Aktionstage veranstaltet, Termine können im Landratsamt Fürstenfeldbruck (Tel.: 08141/519-205) vereinbart werden.

52 Schöngeising - Radtour beim Jexhof

Durch Wälder, Wiesen und eine schöne Moorlandschaft führt die Radtour, die beim Bauernhofmuseum Jexhof beginnt. Wer mit öffentlichen Verkehrsmitteln anreisen möchte, steigt beim S-Bahnhof Weßling in die Rundtour ein, bei der das Bauernhofmuseum Jexhof besichtigt werden kann.

Toureninfos:

Länge des Rundwegs: 16 Kilometer

Parkplatz beim Jexhof Bauernhofmuseum, Zufahrt: Autobahn A8 München – Stuttgart, Ausfahrt Fürstenfeldbruck, B471 Richtung Inning, Abfahrt Schöngeising, Mauern, ab hier beschildert. Oder Autobahn A96 München – Lindau, Ausfahrt Wörthsee (ab hier ausgeschildert).

Aus Richtung München oder Herrsching mit der S5 zur Station Weßling

Bauernhofmuseum Jexhof (Tour 51)

Vom Jexhof fährt man mit dem Rad auf einem breiten Feldweg in südöstlicher Richtung immer geradeaus durch eine abwechslungsreiche Waldlandschaft mit vielen Lichtungen. Nach rund vier Kilometern stößt man auf den Damm der Autobahn. Man folgt dem Schild „Kreiswanderweg Weßling“ nach links und unterquert die Autobahn. Nach der Unterführung biegt man nach rechts von der Straße ab und folgt auf einem Feldweg der Beschilderung Richtung Weßling. Bei der nächsten Kreuzung geht es weiter geradeaus, bis man zum Gut Mischenried kommt. Das sorgfältig restaurierte Anwesen mit seinen ockerfarbigen Häusern beherbergt einen Reiterhof.

Von Mischenried aus fährt man auf dem Asphaltweg weiter und erreicht bald den Ortsanfang von Weßling. Das Sträßchen führt durch ein Wohngebiet direkt auf das S-Bahngleis zu. (Wer mit der S-Bahn anreist, steigt hier in den Weg ein. Vom S-Bahnhof fährt man in östlicher Richtung am Gleis entlang, bis zur Unterführung vor dem Raiffeisenlagerhaus. Man unterquert die S-Bahn und hält sich dann rechts.) Man folgt dem Schild

„Radweg nach Gilching" und fährt kurz am Gleis entlang, bevor der Weg dann durch Felder zur Autobahn führt. Man fährt durch die Unterführung der Autobahn und hält sich geradeaus in Richtung St. Gilgen (beschildert). Einen Kilometer nach der Autobahnunterführung, vor Beginn des Wasserschutzgebietes, hält man Ausschau nach einem Schild, das nach links zum Winkelhof 1 weist. Man folgt auf einem Feldweg dem Weg zum Winkelhof und fährt an ihm vorbei. Wenn es nicht mehr weiter geradeaus geht, biegt man in den Querweg nach rechts ein. Rund 500 Meter weiter kommt man zu einer Weggabelung, an der unter Bäumen ein Kreuz und eine Bank stehen. Hier fährt man scharf nach links und passiert gleich den Talhof mit seinem markanten weißen Säulenzaun. Jetzt folgt man der Teerstraße immer geradeaus, passiert den Reiterhof Wiesmath und hält sich immer geradeaus.

Hier geht die Straße in einen Feldweg über. Wir folgen der Beschilderung Richtung Jexhof und gelangen so wieder auf den Feldweg, den wir zu Anfang unserer Tour entlanggeradelt sind und der wieder zum Ausgangspunkt zurückführt.

53 Kaltenberger Ritterturnier

Das größte Ritterturnier der Neuzeit wird jedes Jahr an drei Wochenenden im Juli auf Schloss Kaltenberg ausgetragen.
Streng nach den Regeln des höfischen Turniers messen die in schweren Rüstungen steckenden Ritter ihre Kräfte: Lanzenkämpfe hoch zu Ross, Zweikämpfe mit dem Schwert am Boden und der Ritt durch eine Feuerwand bilden die Höhepunkte.

Ausgerichtet wird das Turnier vom Herrn des Schlosses Kaltenberg persönlich: Prinz Luitpold von Bayern aus dem Hause Wittelsbach. Rund um Schloss Kaltenberg lässt er an den Turniertagen einen großen mittelalterlichen Markt entstehen, der allein schon einen Besuch lohnt. Hier zeigen Handwerker in historischen Kostümen mittelalterliche Handwerkskünste: Schmiede, Papiermacher, Drucker, Münzpräger, Schäffler, Schnabelschuhmacher, Drehleierbauer und viele andere mehr sind zu sehen. An zahlreichen Ständen kann man originelle Handwerksprodukte erwerben. Auf kleinen Bühnen, die zwischen den Marktständen verstreut liegen, treten die verschiedensten

Toureninfos:

Kaltenberger Ritterturnier
Schloss Kaltenberg, Schloss-Str. 8
82269 Kaltenberg, Info und Kartenvorverkauf: 0 18 05/11 33 13 oder im Internet: www.ritterturnier.de

Die Ritterturniere finden an drei Wochenenden im Juli statt.

Steh- oder Tribünenplätze beim Turnier inklusive Eintritt zum Gelände und zum Markt:
Erwachsene: 17.- bis 35.- €,
Kinder 6-16 Jahre: 12.- bis 30.- €,
Kinder unter 6 Jahren: Eintritt frei ohne Anspruch auf einen Sitzplatz

Großer gebührenpflichtiger Parkplatz beim Schloss, Zufahrt: Autobahn A96 München – Lindau, Ausfahrt 28 (Windach, Geltendorf), links der Beschilderung zum Schloss Kaltenberg folgen.

S4 nach Geltendorf, vom S-Bahnhof fährt an den Veranstaltungstagen ein Shuttle-Bus zum Schloss.

Gauklergruppen auf. Reich ist die Auswahl an mittelalterlichen Speisen, die an vielen Ständen angeboten werden. Die Palette reicht vom Ochs am Spieß über Schupfnudeln mit Kraut, Landsknechtsuppe bis hin zu frischen

Schmalznudeln. Für die Erwachsenen gibt es das süffige, dunkle Bier aus der Schlossbrauerei des Prinzen.

Erfreulich ist, dass die Preise bei einer Veranstaltung wie dieser durchaus erschwinglich geblieben sind. Eröffnet wird das Burggelände bei Tagesveranstaltungen bereits um 11 Uhr. Es lohnt sich auf jeden Fall, schon zur Markteröffnung nach Kaltenberg zu kommen. Um 15 Uhr beginnt dann das Turnier mit dem festlichen Einmarsch von Fanfarenzügen, Bürgersleuten in prächtigen Kostümen, Lanzenträgern und Stelzengängern in die Arena. Jetzt nimmt der Wettstreit der Ritter seinen Anfang. In prächtige Rüstungen gekleidet reiten sie auf Araberpferden auf den Turnierplatz. Sie kämpfen mit Lanzen, mit Schwertern und mit der Streitaxt, um den Besten zu ermitteln. Nach dem Turnier lässt man den Tag auf dem historischen Markt ausklingen. Da das Turnier und das Rahmenprogramm für Erwachsene und Kinder gleichermaßen eindrucksvoll ist, kann man sogar schon Kleinkinder mitnehmen. Die Ritterspiele und der Markt finden übrigens bei jedem Wetter statt.

Da die Arena nicht überdacht ist, empfiehlt es sich, Regenbekleidung mitzunehmen.

Spektakuläre Kämpfe hoch zu Ross sind der Höhepunkt des alljährlich stattfindenden Kaltenberger Ritterturniers

54

Fürstenfeldbruck - Kiddi-Car

Auf dem Kiddi-Car Verkehrsübungsplatz können Kinder den Straßenverkehr spielerisch „erfahren". Bevor sie die benzinbetriebenen Mini-Autos besteigen, werden ihnen die wichtigsten Verkehrsregeln erklärt, an die sie sich halten müssen. Dann geht es los: An den Ampeln ist zu halten, Vorfahrtsschilder müssen beachtet werden und auf die anderen Verkehrsteilnehmer ist Rücksicht zu nehmen. Eine Fahrt dauert rund fünf Minuten. Für die Kinder ist es eine gute Erfahrung, den Straßenverkehr einmal aus der Sicht eines - wenn auch kleinen - Autos

Selber Auto fahren macht riesig Spaß

Toureninfos:

Kiddi-Car, Verkehrsübungsplatz
Konrad-Adenauer-Straße/EckeTheodor-Heuss-Straße, 82256 Fürstenfeldbruck
Büro: E. Kubitza, Viehmarktstr. 5
82256 Fürstenfeldbruck
Telefon: 0 81 41/4 22 38
www.kiddicar.de

März bis November: In der Schulzeit: Samstag, Sonntag, Feiertag: 14.00 bis 18.00 Uhr, in den Ferien: täglich 14.00 bis 18.00 Uhr

Preisbeispiel: 1 Fahrt: 2.70 €
10 Fahrten: 22.- €

Parkplatz am Verkehrsübungsplatz
Zufahrt: Von der Hauptstraße in der Innenstadt von FFB nach Norden stadtauswärts auf der Augsburger Straße Richtung Maisach fahren, nach links in die Marthabräustraße abzweigen und dann nach rechts in die Theodor-Heuss-Straße einbiegen. An der Kreuzung mit der Konrad-Adenauer-Straße liegt der Verkehrsübungsplatz.

S-Bahn S4 bis Station Buchau, weiter mit Bus 840 bis Konrad-Adenauer-Straße

Vor der Fahrt werden die wichtigsten Verkehrsregeln erklärt

wahrzunehmen. Sturzhelm und das Anlegen eines Sicherheitsgurtes sind Pflicht. Geeignet ist Kiddi-Car für Kinder ab sechs Jahren. Die Eltern können auf den Bänken beim Kiosk die Fahrt ihres Sprösslings beobachten. Nach Absprache mit dem Betreiber werden hier auch Kindergeburtstage, Gruppenveranstaltungen und Ferienprogramme organisiert.

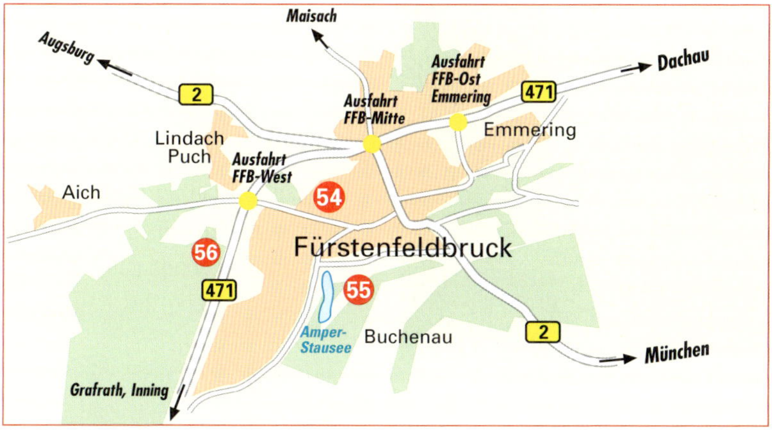

55 Fürstenfeldbruck - Vom Kloster Fürstenfeld zum Amperstausee

Vom Kloster Fürstenfeld führt ein ruhiger Spazierweg durch die Amperauen zum Stausee, wo man auf einer Vogelbeobachtungsplattform dem Leben auf dem Wasser zusehen kann. Bevor man zu der kleinen Wanderung aufbricht, sollte man auf jeden Fall einen Rundgang durch die frisch restaurierte Anlage des ehemaligen Zisterzienserklosters machen, das bereits im 13. Jahrhundert von Ludwig dem Strengen gegründet wurde. Unbedingt sehenswert ist die prachtvoll ausgestattete barocke Klosterkirche, die im 18. Jahrhundert erbaut wurde. Die Wanderung, die gut für den Kinderwagen geeignet ist, beginnt am Parkplatz zwischen Klosterstüberl und Reitanlage. Hier verläuft der Wanderweg der Stadt Fürstenfeldbruck. Wenn man mit dem Rücken zum Klosterstüberl steht, folgt man dem Weg nach rechts in die Klosterstraße und kommt zu einem Reitplatz, wo man dem Wegweiser „Wanderweg der Stadt Fürstenfeldbruck" nach links folgt. Vorbei an Pferdekoppeln gelangt man zu einem Kanal. Im Schatten von Laubbäumen spaziert man weiter entlang des Kanals, bis man zum Stausee gelangt.

Auf kleinen Inseln wachsen Weiden im ruhigen Wasser, Bänke stehen am See

Alte Weiden säumen die Ufer des Amperkanals

Toureninfos:

Spaziergang vom Kloster Fürstenfeld zur Vogelbeobachtungsplattform am Amperstausee und wieder zurück: eine gute Stunde

Klosterstüberl im Kloster Fürstenfeld
Telefon: 0 81 41/52 68 19
Fürstenfelder, ebenfalls im Kloster
Telefon: 08141/6665-0

Parkplatz beim Kloster Fürstenfeld. Zufahrt: Das Kloster Fürstenfeld liegt im Süden von Fürstenfeldbruck und ist in der Stadt ausgeschildert.

Ziel der Wanderung zum Amperstausee: die Vogelbeobachtungs-Plattform

und am gegenüberliegenden Ufer kann man die Vogelbeobachtungsplattform erkennen, die weit ins Wasser hineinragt. Man geht weiter entlang des Ufers, überquert auf der Straßenbrücke die Amper (Gehweg vorhanden) und wandert auf dem Uferweg weiter Richtung Süden zur Vogelbeobachtungsplattform.
Der breite Holzsteg ist gut mit einem Geländer gesichert, so dass auch für kleinere Kinder keine Gefahr besteht. Zurück zum Kloster geht man auf dem gleichen Weg.

Tipp

Wer Lust auf eine Runde Minigolf hat, schlägt bei der Plattform den Weg ein, der vom See wegführt. Nach wenigen Minuten kommt man zu der gepflegten Minigolfanlage, die aber wegen ihrer Lage an der Straße leider etwas laut ist (Betreiber Peter Hohenleitner in Moorenweis, Telefon: 0 81 41/2 18 18).

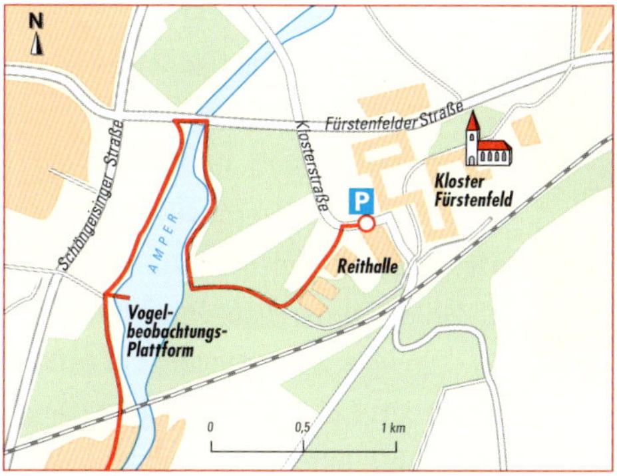

56 Fürstenfeldbruck - Walderlebnispfad Rothschwaiger Forst

Im Rothschwaiger Forst hat das Forstamt Fürstenfeldbruck einen kurzweiligen Walderlebnispfad eingerichtet. An neun Stationen werden die Wanderer animiert, die Faszination des Waldes näher kennen zu lernen.

Vom Parkplatz an der Cerveteristraße führt ein beschilderter Weg in einer knappen Viertelstunde zum Ausgangspunkt, wo eine Informationstafel über den Wegverlauf informiert. Hier ist auch die Abkürzungsstrecke eingezeichnet, die gut mit dem Kinderwagen zu befahren ist.

Vom Hochsitz hat man die ganze Lichtung im Auge

Toureninfos:

i Rundweg: 3,3 Kilometer, Zeitbedarf ca. 2 Stunden, Abkürzungsweg für Kinderwagen geeignet: Zeitbedarf ca. 1 Stunde

€ Der Weg ist immer öffentlich und kostenlos zugänglich.

P Wanderparkplatz an der Kreuzung Cerveteristraße/Rothschwaiger Straße. Zufahrt: Von der Hauptstraße im Zentrum FFB fährt man auf der Schöngeisinger Straße stadtauswärts, an der Gabelung fährt man auf der Landsberger Straße weiter. Knapp 1,5 Kilometer nach der Gabelung biegt man vor der Straßenbrücke nach links in die Cerveteristraße ein, auf der man nach rund 800 Metern links den Waldparkplatz erreicht.

Großen Wert legte das Forstamt auf die sinnliche Erfahrung des Waldes. So wurde auf einer sonnigen Lichtung ein Hochsitz zum Beobachten errichtet, in der „Lausch-Ecke" werden die Besucher ermuntert, sich auf das Rascheln der Blätter und die Vogelstimmen zu konzentrieren. Sein Wissen über Bäume kann man auf der Rätselstrecke testen. Vorbei an einer 150 Jahre alten Eiche führt der Weg zur Station „Klingende Hölzer“, wo ein Baumtelefon und ein Holzxylophon zum Experimentieren bereit stehen. An der letzten Station gibt es dann für alle müden Wanderer eine Erfrischung: Ein Holzbrunnen spendet frisches Trinkwasser. Der gemütliche Pavillon daneben bietet sich als Rastplatz für ein Picknick an.

150 Jahre alt ist diese Eiche am Walderlebnispfad

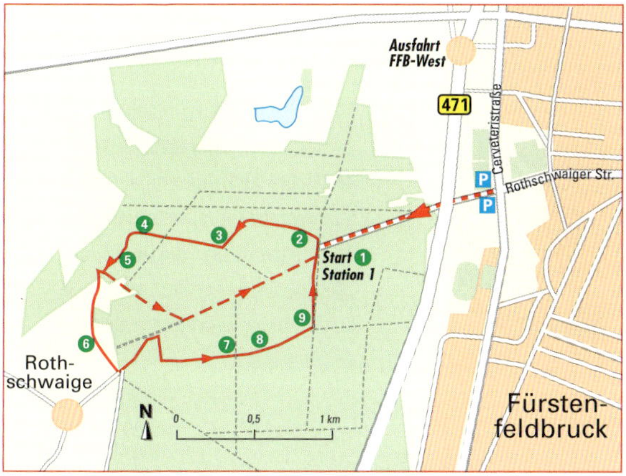

57 Olching – Vogelpark

Liebevoll angelegt und gepflegt präsentiert sich der Vogelpark Olching, in dem mehr als 500 Vögel in Volieren und Teichanlagen mitten im Auwald an der Amper leben.
Angelegt wurde der Vogelpark von Mitgliedern des Vogelliebhabervereins Olching und Umgebung e.V..
Die Vereinsmitglieder betreiben und pflegen den Park in ihrer Freizeit. Enten aus aller Welt empfangen den Besucher in der großzügigen, abwechslungsreich gestalteten Teichanlage am Eingang. Da der Vogelpark über moderne, heizbare Volieren verfügt, sind auch viele tropische Vögel zu sehen, wie z.B. Kanarienvögel, Sittiche, bunte Papageien, Beos oder Kakadus.

In den heizbaren Volieren leben auch viele tropische Vögel

Toureninfos:

i Vogelpark Olching
Toni-März-Str. 1,82140 Olching
Telefon: 0 89/3 15 17 95
Postanschrift: Am Stutenanger 6
85764 Oberschleißheim
www.vogelpark-olching.de

April bis Ende Oktober:
Sonn- und Feiertage: 10.00 bis 17.00 Uhr

€ Erwachsene: 2.- €
Kinder 4–14 Jahre: 1.- €

P Parkplatz am Volksfestplatz in Olching, Zufahrt: Autobahn A8 München – Stuttgart, Ausfahrt Dachau/Fürstenfeldbruck, Richtung Fürstenfeldbruck. Abfahrt Olching/Geiselpullach, bis zum Kreisverkehr. Dann rechts bis Neu-Esting.
In Neu-Esting Richtung Olching abbiegen. Nach der Bahnunterführung rechts zum Volksfestplatz.

H S8 Richtung Olching/Nannhofen:
Station Olching: Am Bahnhof bei der Ampel die Hauptstraße überqueren, auf Fußweg zum Amperkanal, diesen auf der Brücke überqueren, weiter links am Kanal entlang zum Volksfestplatz und Vogelpark.

Daneben leben hier auch verschiedene einheimische Vögel wie Fasane, Störche, Schwäne, Alpendohlen, Tauben, Waldkäuze, Uhus, Schnee-Eulen und viele mehr.

In einem großen Freigehege warten zutrauliche Nandus, große südamerikanische Laufvögel, auf die kleinen Besucher. Auf informativen Tafeln erfährt man Interessantes über die Lebensweise der verschiedenen Tiere. Viele Ruhebänke laden in dem blumenreichen Park zum Verweilen ein.

Neugierig betrachtet der Nandu im Olchinger Vogelpark die kleinen Besucher

Tipp

Kombiniert mit einem Spaziergang entlang der Amper ist der Besuch des Vogelparks eine gelungene Tagestour. Man geht neben dem Eingang des Parks auf einem idyllischen Weg stromaufwärts immer direkt am Fluss entlang. Auf der Brücke, die nach rund einem Kilometer über den Fluss führt, überquert man die Amper, geht danach kurz geradeaus und stoßt dann direkt auf einen großen Kinderspielplatz. Gegenüber liegt die Gaststätte Amperlust. Zurück zum Vogelpark geht man auf dem gleichen Weg. Der Ausflug ist für Familien mit Kinderwagen geeignet. Allerdings ist der Weg entlang der Amper etwas holprig.

58 Egenhofen - Furthmühle

Die Furthmühle im Glonntal ist eine der wenigen noch in Betrieb befindlichen Getreidemühlen, die regelmäßig besichtigt werden können. Bei der Führung erfährt man viel über die Geschichte dieses Technikdenkmals, die Funktionsweise und über das Müllerhandwerk.

Zum ersten Mal wurde die Furthmühle im Jahr 1165 urkundlich erwähnt. Das jetzt bestehende Gebäude, das unter Denkmalschutz steht, wurde 1824 errichtet. Seit dem 1. November 1900 bis heute bewirtschaftet die Familie Aumüller die Mühle.

Albert Aumüller zeigt den Kindern, wie das Mehl in die Säcke verpackt wird

Toureninfos:

Furthmühle
82281 Egenhofen
Telefon: 0 81 34/9 91 91
www.furthmuehle.de

Besichtigung nur im Rahmen einer Führung möglich
Führungen: Palmsonntag bis 1. Adventssonntag: an Sonn- und Feiertagen: 14.00 und 16.00 Uhr, Karfreitag und Allerheiligen geschlossen

Erwachsene: 2.- €
Kinder ab 6 Jahren: 1.- €

Autobahn A8 München - Stuttgart, Ausfahrt Odelzhausen, ab der Ausfahrt beschildert, Parkplätze bei der Mühle

Während der Führung ist die Mühle voll in Betrieb, so dass man den Weg des Getreides vom ganzen Korn zum fertigen Mehl verfolgen kann. Man sieht, wie ein Elektromotor über Riemen die verschiedenen Mahlwerke antreibt, in denen das Mehl zwischen Walzen zerkleinert wird. Im Obergeschoss erklärt Albert Aumüller unter anderem die beeindruckende Schüttelmaschine, die das Mehl siebt und

Technikdenkmal in idyllischer Lage – die Furthmühle in Egenhofen

automatisch in die entsprechenden Säcke abfüllt. Da Albert Aumüller und sein Sohn sich nicht nur auf technische Erklärungen beschränken, sondern auch Anekdoten aus dem Leben der Müller erzählen und auf die Fragen der kleinen Besucher eingehen, macht auch den Kids die Führung Spaß – besonders wenn sie in kleinen Schalen die verschiedenen Mehle anfassen dürfen.

Wie das Mehl schmeckt, wenn es zu leckeren Kuchen verarbeitet worden ist, kann man im „Café zum Mahlgang" probieren. Wer nach der Besichtigung der Mühle noch einen Spaziergang anschließen möchte, findet im Prospekt der Furthmühle, den man dort erhält, gute Tipps. Auch auf der Internetseite sind verschiedene Anregungen für Wanderungen in der Umgebung aufgeführt.

Tipp

Verkauft werden die Mühlenprodukte und Naturkostwaren im Mühlenladen, der nach den Führungen geöffnet ist.

Wie fühlen sich die verschiedenen Mehle eigentlich an?

59 Aichach - Walderlebnispfad

Einen modernen Walderlebnispfad hat die Stadt Aichach beim Naturfreundehaus im Grubetwald angelegt. An den verschiedenen Stationen des landschaftlich abwechslungsreichen Weges können die Kinder auch selbst aktiv werden. Nach der Wanderung bietet sich eine Einkehr im Naturfreundehaus an. Der Weg eignet sich gut für den Kinderwagen.
Entlang des Weges sieht man eine Erzgrube aus dem 8. Jahrhundert, die Baumscheibe einer 200 Jahre alten Eiche und ein Rotwildgehege. An einer Sprunggrube können die Kinder ihre Sprungkünste mit denen verschiedener Wildtiere messen. Danach kommt man zu einem Rastplatz mit einem herrlichen Blick über die sanfte

Das Holzxylophon hat einen tollen Klang

Toureninfos:

Walderlebnispfad:
Länge: rund 2 km
Zeitbedarf mit Kindern:
rund eineinhalb bis zwei Stunden
www.aichach.de

Der Walderlebnispfad ist immer kostenlos zugänglich.

Naturfreundehaus Am Grubet der Ortsgruppe Aichach e.V., Telefon: 0 82 51/33 55, ganzjährig, jeweils an Wochenenden und Feiertagen bewirtschaftet, geschlossen: Ostern, Allerheiligen und im August. Informationen beim Hausreferent Erwin Finkenzeller: Tel. 0 82 51/29 13

Parkplatz am Naturfreundehaus in Aichach. Zufahrt: Autobahn A8 München – Stuttgart, Ausfahrt Dasing, auf der B300 Richtung Aichach, Ausfahrt Aichach-West bis Baumarkt Obi, ab dort beschildert.

Bahnstrecke Augsburg – Ingolstadt, Bahnhof Aichach, am Bahnhof die Gleise unterqueren und auf beschildertem Weg in rund 30 Minuten zum Naturfreundehaus wandern.

Vom Rastplatz am Walderlebnispfad schaut man auf die sanfte Hügellandschaft

Hügellandschaft. An den nächsten Stationen können die Kinder auf dem Barfußpfad verschiedene Waldbodenauflagen fühlen oder bei den „Klingenden Hölzern" auf einem Holzxylophon spielen.

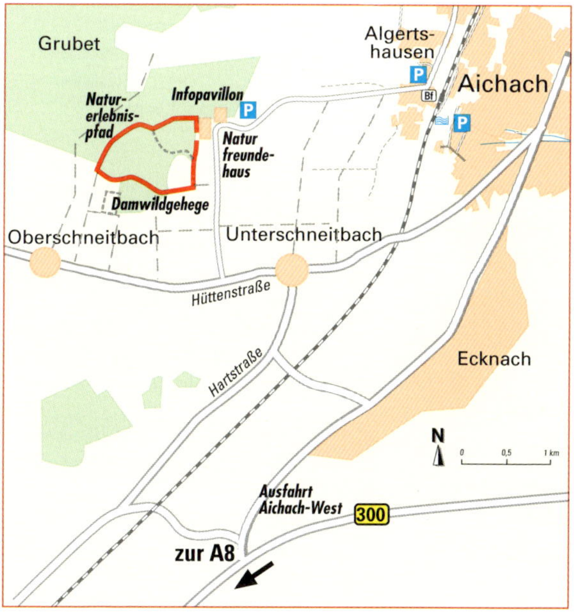

60 Dachau - Wanderung vom Schloss in die Amperauen

Vom Dachauer Schloss aus kann man eine kurzweilige Wanderung hinunter zur Amper und weiter in die Amperauen unternehmen, wo ein abenteuerlicher Pfad durch urwüchsige Vegetation führt. Mit größeren Kindern ist die rund dreistündige Wanderung eine gelungene Tagestour. Sind die Kinder noch klein oder hat man nur wenig Zeit, kann die Wanderroute auch aufgeteilt werden. Bei Tour 1 stehen das Schloss, der Hofgarten und der Spielplatz an der Amper im Vordergrund. Tour 2 führt von Mitterndorf in die Auenlandschaft.

Ausgangspunkt für die Gesamttour ist das Schloss in Dachau. Vorbei am Schloss geht man in den wunderschön angelegten barocken Hofgarten, der wie eine sonnige Aussichtsterrasse über der Stadt liegt und von dem aus man einen weiten Blick über München bis zu den Alpen hat. Um sich nach der Anfahrt erst einmal auszutoben, können die Kids auf den Spielplatz, den man durch ein Tor an der nördlichen Mauer des Hofgartens erreicht. Man verlässt dann den Hofgarten durch das große Eisentor auf der Westseite, geht durch den Park

Toureninfos:

Große Runde: Schloss Dachau über Mitterndorf bis Gründinger Brücke und zurück: rund 3 Stunden
Schloss Dachau bis Mitterndorf/Alte Liebe und zurück: rund 90 Minuten
Mitterndorf bis Gründinger Brücke und zurück: rund 90 Minuten
Informationen zu Dachau: www.dachau.info

Hofgarten: April bis September: 8.00 bis 20.00 Uhr, Oktober bis März: 8.00 Uhr bis Einbruch der Dunkelheit, Eintritt frei

Cafe-Restaurant Schloss Dachau: gehobene Gastronomie, herrlicher Blick von der Terrasse, Tel.: 0 81 31/4 54 36 60. Alte Liebe an der Amper: Gaststätte mit urigem Biergarten in den Amperauen, im Frühling und Herbst erkundigen, ob Biergarten geöffnet ist . Tel.: 0 81 31/66 71 31

Kostenpflichtiger Parkplatz am Schloss in Dachau.
Zufahrt: Von München über die B304 nach Dachau, Weg zum Schloss beschildert, Ausgangspunkt der Wanderung in Mitterndorf: in Dachau der Beschilderung nach Mitterndorf folgen, Parkmöglichkeit bei der Amperbrücke.

Mit Regionalzug oder S2 nach Dachau, vom Bahnhof mit dem Bus 720 zur Haltestelle Rathaus, von dort durch die schöne Altstadt in wenigen Minuten zu Fuß zum Schloss. Auskünfte über Busverbindungen bei der Tourist-Information, Tel.: 0 81 31/75-2 86.

Der Hofgarten in Dachau ist Ausgangspunkt für die Wanderung entlang der Amper

weiter, passiert das nächste Tor und folgt geradeaus dem Fürstenweg, der vom Schlossberg hinunter an die Amper führt, wo ein großer Spielplatz auf die Kinder wartet. Nach der Spielpause geht es auf dem Uferweg weiter. Die erste Brücke lässt man links liegen und folgt der Beschilderung Ammer/Amperradweg bis man zur nächsten Brücke bei Mitterndorf kommt.

Auch bei der Brücke in Mitterndorf bleibt man auf dem nördlichen Uferweg. Jetzt wird die angestaute Amper immer breiter, viele Enten und Blässhühner schwimmen im ruhigen Wasser und aus den Baumwipfeln hört man das Gezwitscher vieler Vögel (Fernglas mitnehmen!). Um am Ufer des Flusses zu bleiben, werden die beiden nächsten Zuflüsse auf einer kleinen Fußgängerbrücke überquert. Beim Wanderheim Dachau (nicht bewirtschaftet), das zwischen Kanal und Fluss liegt, überquert man den Kanal und geht am Wanderheim rechts auf dem Damm zwischen Kanal und Amper weiter. Hier ist das Ufer leicht abschüssig, kleine Kinder sollten an der Hand genommen werden. Rund 100 Meter nach dem Wanderheim ist man inmitten der Auen, man geht auf dem Trampelpfad nach links und hält sich immer am Ufer. Hier ist die Auenlandschaft noch erhalten, die Kinder haben einen gro-

60

ßen Spaß, durch das Dickicht zu marschieren. An den Kiesufern kann man herrlich rasten. Der Pfad führt zur Brücke bei Gründing, auf der die Amper überquert wird.

Auch der Rückweg am anderen Ufer führt zuerst durch die herrliche Auenlandschaft. Auf Höhe des Wanderheims kommt man auf den Amperdamm, dessen Verlauf man weiter folgt. Rund 10 Minuten bevor man wieder die Mitterndorfer Brücke erreicht, zweigt nach rechts ein Weg zur Gaststätte „Alte Liebe an der Amper" ab. Hier kann man im urigen Biergarten einkehren, es gibt auch einen kleinen Spielplatz.

An der Mitterndorfer Brücke bleibt man auf dem südlichen Ufer, ehe man an der nächsten Brücke wieder den Fluss überquert und vorbei am Spielplatz auf dem bekannten Weg wieder zum Schloss läuft.

Tipp

Die erste Kurzversion der Tour führt bis zur Mitterndorfer Brücke, von wo aus man einen Abstecher zur „Alten Liebe" unternehmen kann, ehe man wieder zurück wandert. Diese Strecke ist auch für den Kinderwagen geeignet. Die zweite Kurzversion beginnt bei der Mitterndorfer Brücke, führt durch die Auen zur Gründinger Brücke und wieder zurück. Hier kann der Kinderwagen nicht mitgenommen werden.

61 Röhrmoos - Wanderung nach Mariabrunn

Natürlich kann man nach Mariabrunn auch mit dem Auto hinauffahren. Wesentlich mehr Spaß macht es aber, von Röhrmoos aus hinaufzuwandern. Dann hat man sich die Einkehr im traditionellen Biergarten auch verdient und den richtigen Appetit auf die deftigen Schmankerl.
Nachdem man das Auto in Röhrmoos in der Nähe der kleinen Kläranlage abgestellt hat, geht man wenige Minuten die Straße weiter bergauf bis ein kleines gelbes Schild nach links den Weg nach Mariabrunn weist. Vorbei an einem Bauernhof wandert man durch sonniges Bauernland, Jungwald und später durch den hohen Fichtenwald auf einem bequemen Weg in gut einer halben Stunde zum Gut Mariabrunn. Gekennzeichnet ist der Weg mit einem grünen Kreis auf weißem Grund.

Im 19. Jahrhundert war Mariabrunn ein berühmter Kur- und Wallfahrtsort. Mit dem Quellwasser, dem Heilwirkung zugeschrieben wurde, kurierte die Wunderheilerin Amalie Hohenester hier viele Prominente, darunter auch Sisi, die Kaiserin von Österreich. Heute ist der Biergarten der Anziehungspunkt von Mariabrunn. Umrahmt von der historischen Schlosswirtschaft und der barocken Wallfahrtskirche sitzt man auf Holzbänken unter alten Kastanien. In Selbstbedienung werden bayerische Brotzeiten und warme Schmankerl angeboten.

Toureninfos:

Wanderung vom Parkplatz in Röhrmoos nach Mariabrunn und zurück: rund 1 Stunde.

Wanderung von der S-Bahn-Station Röhrmoos nach Mariabrunn und zurück: rund 2 Stunden.

Einkehr: Schlosswirtschaft Mariabrunn, 85244 Röhrmoos, Telefon: 08139/8661, www.schlosswirtschaft-mariabrunn.de

Röhrmoos liegt rund 10 Kilometer nördlich von Dachau. Von Dachau über Hebertshausen und Ampermoching nach Schönbrunn. Rund 300 Meter bevor man das Ortsschild von Röhrmoos erreicht, nach links in die Bgm.-Haller-Straße abbiegen (Wegweiser Gaststätte Hagen, kleiner gelber Wegweiser nach Mariabrunn). Am Maibaum am Gasthof Hagen nach rechts in die Unterweilbacher Straße (Wegweiser zur Kläranlage). Parkmöglichkeit in der Nähe der Kläranlage.

Von München mit der S 2 Richtung Petershausen zur Station Röhrmoos

Ziel der Wanderung von Röhrmoos nach Mariabrunn – der traditionsreiche Biergarten unter alten Kastanienbäumen

Für die Kinder wurde im angrenzenden Wald ein moderner Spielplatz angelegt.

Tipp

Geht man vom Biergarten den Weg weiter bergauf und ein kurzes Stück über die Felder, bietet sich ein herrlicher Blick über München, bei Föhn kann man von hier aus sogar die Alpen sehen.

Man kann auch vom S-Bahnhof Röhrmoos in rund einer Stunde nach Mariabrunn wandern. Die erste Hälfte des Weges führt allerdings durch ein Wohngebiet, was für Kinder nicht so attraktiv ist. Der Weg ist vom Bahnhof aus mit kleinen Wanderschildern (grüner Kreis auf weißem Grund) markiert und führt zum Ausgangspunkt der oben beschriebenen Route.

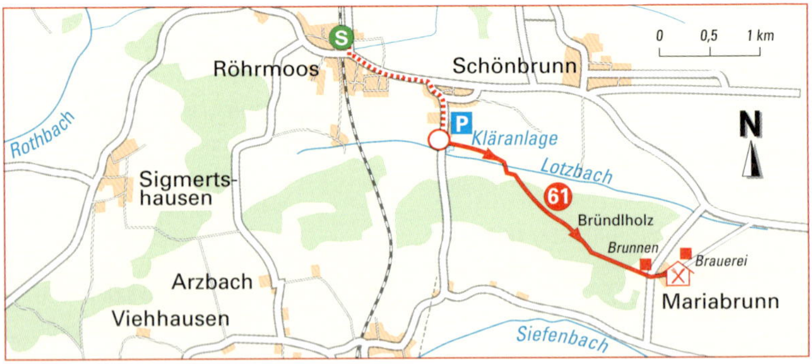

62 Oberschleißheim - Flugwerft

Vom ersten Gleitflugapparat bis zur Europarakete Ariane dokumentiert das Museum in der Flugwerft Schleißheim die Geschichte der Luftfahrt in einmaliger Weise. Auf rund 7.800 Quadratmetern Ausstellungsfläche sind über 50 Flugzeuge und Hubschrauber zu sehen.

Der Rundgang beginnt in der stilvoll renovierten historischen Flugwerft, die kurz vor dem ersten Weltkrieg für die Bayerischen Fliegertruppen gebaut wurde. Anhand von historischen Fotografien wird über die wechselvolle Geschichte der Flugwerft informiert. Neben Kampfflugzeugen aus dem Ersten und Zweiten Weltkrieg ist hier auch eine Douglas DC-3 zu sehen, die ab 1936 den Luftverkehr entscheidend prägte. Auf übersichtlichen Tafeln sind zu jedem Flugzeug Informationen über seinen Einsatz und seine Geschichte zusammengefasst, die durch technische Daten und zum Teil alte Originalphotos ergänzt werden. Den Anfängen der Luftfahrt ist die zweite Halle gewidmet, wo unter anderem auch der erste Gleitflugapparat von Otto Lilienthal zu sehen ist. Außerdem gibt es eine eige-

Toureninfos:

Deutsches Museum, Flugwerft Schleißheim, Effnerstr. 18
85764 Oberschleißheim
Telefon: 0 89/3 15 71 40
www.deutsches-museum.de
Zweigmuseen anklicken.

Täglich 9.00 bis 17.00 Uhr. Geschlossen: Neujahr, Faschingsdienstag, Karfreitag, 1. Mai, 1. November, 24., 25. und 31. Dezember.

Erwachsene: 3.50 €
Kinder ab 6 Jahren: 2.50 €

Parkplatz an der Flugwerft. Zufahrt: Von München über die Autobahn A99, Ausfahrt Neuherberg oder über die Ingolstädter Straße, gut beschildert. Der Weg führt am Südende des Flugplatzes Oberschleißheim entlang.

S1 (München – Freising), Haltestelle Oberschleißheim, dann knapp 15 Minuten zu Fuß entlang der Mittenheimer Straße in Richtung Schloss, in dessen unmittelbarer Nähe die Flugwerft liegt.

Nach dem Museumsbesuch kann man noch einen Spaziergang im Park des Schlosses Oberschleißheim machen.

62

ne Ausstellung über die Entwicklung der deutschen Senkrechtstarter in der Nachkriegszeit.

Auf dem Weg in die neue Ausstellungshalle kann man von einer Empore aus den Restauratoren des Museums bei ihrer Arbeit an den alten Flugzeugen zusehen. Die Restaurierungshalle bietet Platz, um Flugzeuge bis zu einer Spannweite von 20 Metern demontieren und wieder zusammenbauen zu können. Flexibilität ist Trumpf bei den Mitarbeitern, denn sie restaurieren Holzflugzeuge aus den Anfängen der Fliegerei genauso wie moderne Kampfjets.

In der lichtdurchfluteten Ausstellungshalle sind moderne Fluggeräte aller Art ausgestellt: Drachen, ein Muskelkraftflugzeug, Hubschrauber, ein Flugboot sowie verschiedene Kriegsflugzeuge, wie die MiG-21 der ehemaligen UdSSR, eine amerikanische Phantom oder der Starfighter der Bundeswehr. Sogar eine original EUROPA-Rakete ist zu sehen.

Kinder können an einem Propellertretfahrrad die Wirkungskraft eines Propellers erleben. Außerdem können sie im Cockpit eines Düsenjets und eines Propellerflugzeugs Platz nehmen und sich als Pilot fühlen.

Blick von der Empore in die neue Ausstellungsghalle der Flugwerft

63 Freising – Walderlebnispfad

Ein phantasievoll gestalteter Walderlebnispfad wurde auf Initiative der lokalen Agenda 21 im Freisinger Forst bei der Waldgaststätte Plantage angelegt. Der Rundweg ist auch für den Kinderwagen geeignet.

An den Baumarten-Stationen, die entlang des gesamten Pfades aufgestellt sind, kann man sein Wissen über Bäume testen. Besonders viel Spaß macht der Weg durch das große Waldlabyrinth, in dessen Mitte eine Rundbank steht. Vorbei am Baumtelefon, das auch als Schwebebalken dienen kann, kommt man zum Barfußpfad. Am besten führen die Eltern das Kind mit verbundenen Augen über den Weg, damit es sich ganz auf das Fühlen der verschiedenen Bodenbeläge konzentrieren kann. „Wer springt weiter?" heißt es an der Weitsprunggrube, wo die Kids ihre Sprungkünste mit denen verschiedener Waldtiere messen können.

Wie heißt der Baum?

Toureninfos:

i Naturerlebnispfad Freisinger Forst, Länge des Rundwegs: rund 2 km, www.walderlebnispfad-freising.de

€ Der Walderlebnispfad ist jederzeit kostenlos frei zugänglich.

Plantage, Biergarten mit Spielplatz
Telefon: 0 81 61/6 31 55
www.plantage-freising.de
Im Sommer an Sonn- und Feiertagen Livemusik zum Frühschoppen

P Der Naturerlebnispfad liegt im Nordwesten von Freising bei der Gaststätte Plantage. Zufahrt: Autobahn A92 München – Deggendorf, Ausfahrt Freising Ost. Auf der Isarstraße stadteinwärts fahren, zuerst Richtung Mainburg und dann nach links Richtung Haindlfing abbiegen, immer dem Wegweiser nach Haindlfing folgen, kurz nach dem Ortsendeschild von Freising Wegweiser nach links zur Plantage, hier großer Parkplatz.

H Mit der S1 oder dem Zug zum Freisinger Bahnhof. Mit Bus 601, 6001, 617 oder 618 zur Haltestelle Waldsiedlung.

64 Freising - Lehrgärten in Weihenstephan

Duftende, bunte Blumen in Hülle und Fülle, Obstbäume, Gemüsebeete, Arzneipflanzen und vieles, vieles mehr wächst in den Lehrgärten, die vom Institut für Gartenbau der Fachhochschule Weihenstephan unterhalten werden.
Beim Bräustüberl findet man den Oberdieckgarten sowie den Hof- und Buchsgarten. Knapp einen Kilometer entfernt liegt das zweite Zentrum der Gartenanlagen mit dem Sichtungsgarten für Stauden und Gehölze und dem Schaugarten.

Oberdieckgarten

Der auf einer Terrasse mit schönem Blick nach Freising und München angelegte Garten ist in mehrere The-

Besonders gut riechen die Rosen im Duftgarten.

Toureninfos:

Institut für Gartenbau
Informationsstelle, Am Staudengarten 9
85350 Freising, Telefon: 0 81 61/71 45 41
www.fh-weihenstephan.de
(Forschungsanstalt – Lehrgärten)

Oberdieckgarten: 1. April bis 31. Oktober: täglich 9.00 bis 18.00 Uhr
Sichtungsgarten für Stauden und Gehölze mit der Kleingartenanlage: 1. April bis 31. Oktober: täglich 9.00 bis 18.00 Uhr
Schaugarten: 1. April bis 31. Oktober: täglich 9.00 bis 17.30 Uhr

Die Besichtigung der Gärten ist kostenlos

Bräustüberl der Staatsbrauerei Weihenstephan, beim Oberdieckgarten, Telefon: 08161/13004

Bräustüberl/Oberdieckgarten: In Freising der Beschilderung nach Weihenstephan folgen, dort ist das Bräustüberl beschildert, Parkplatz unterhalb des Bräustüberls. Vom Parkplatz geht man geradeaus weiter zum Buswendeplatz, von dort durch die Einfahrt der Fachhochschule und gelangt nach wenigen Minuten zum Eingang des Oberdieckgartens.
Staudengarten: In Freising der Beschilderung nach Weihenstephan folgen, dort von der Vöttinger Straße in die Straße Am Staudengarten abzweigen, hier Parkplatz vor dem Staudengarten.

Vorschläge für die Gestaltung eines Kinderbeets findet man in der Kleingartenanlage

menbereiche gegliedert: Hausgarten, Apothekergarten, Bauerngarten, Rhododendrengarten mit Teichanlage und Färbergarten. Eine Besonderheit ist der Duft-, Tast- und Aromagarten, der eigentlich für Blinde angelegt wurde. Aber auch Kindern macht es Freude, in den Hochbeeten an Maiglöckchen, Rosen, Nelken oder Gewürzen zu riechen und die samtweichen Blätter des Ziest oder die harten, haarige Blätter des Mohns zu betasten.

Geht man vom Eingang des Oberdieckgartens wieder Richtung Bräustüberl, zweigt aber bei der ersten Möglichkeit nach links ab, gelangt man zum etwas versteckt liegenden Hofgarten, der immer zugänglich ist. Im Norden schließt sich der nach historischem Vorbild wiederhergestellte Buchsgarten mit streng geometrischen Formen an. Von der Terrasse des Hofgartens, von der man auf den Münchner Flughafen sieht, führt ein Weg hinunter zum Korbiniansbrünnlein und den Ruinen einer alten Kirche.

Sichtungsgarten für Stauden und Gehölze

Rund sieben Hektar umfasst der Sichtungsgarten für Stauden und Gehölze, kurz Staudengarten genannt. Hier grünt und blüht es in allen Farben, so dass es eine wahre Freude ist, langsam durch die weitläufige Anlage zu schlendern. Man sollte für den Besuch mindestens zwei Stunden einplanen, damit man weder sich noch

64

die Kinder hetzen muss. Angeschlossen an den Staudengarten ist die Kleingartenanlage, wo die Kids sehen, wie das heimische Obst und Gemüse wächst. Die Eltern finden Anregungen für die Gestaltung des eigenen Gartens mit Hoch- oder Frühbeeten und Kleingewächshäusern. Vorschläge, wie auch schon die Kleinsten in die Gartenarbeit einbezogen werden können, zeigen das Kinderbeet, das „Square foot gardening"-Minigärtchen bei den Gewächshäusern sowie das Gemüsehäuschen Modell Dornröschen.
Vom Parkplatz beim Staudengarten erreicht man auch den Schaugarten. Hier liegt der Schwerpunkt auf dem Obstbau. Außerdem gibt es originelle Anregungen für die Gestaltung von „Balkonien" und „Terrassien".

Beim Parkplatz am Staudengarten beginnt auch der Lehrpfad Pflanzenschutz. Erste Station ist eine große Rosskastanie, die regelmäßig von der Miniermotte befallen wird und daher bestens als Anschauungsobjekt geeignet ist. Bislang umfasst der Lehrpfad zehn Stationen, an denen vor allem von Schädlingen befallene Bäume und Sträucher zu sehen sind. An jeder Station informiert eine Tafel über die Krankheit oder den Schädling. Es ist geplant, den Lehrpfad auf 30 Stationen auzubauen.

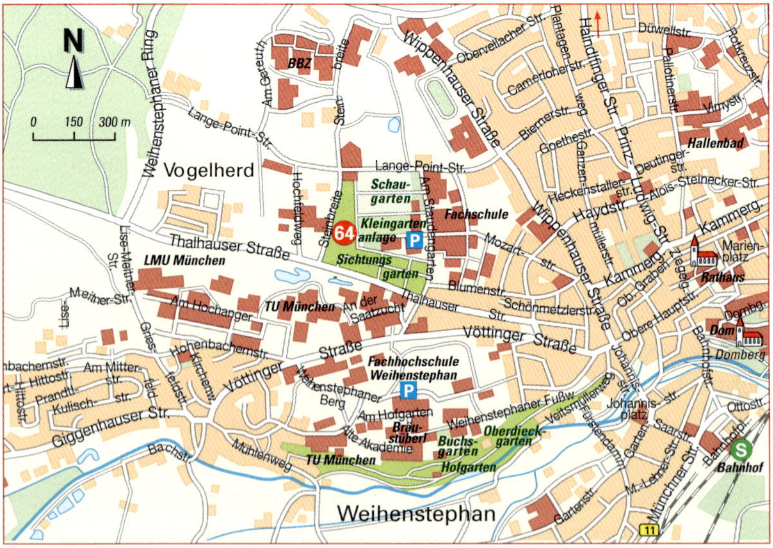

65 Erding - Bauernhausmuseum am Entenweiher

Das Bauernhausmuseum am Entenweiher

Rund um den idyllischen alten Entenweiher gruppieren sich die alten Bauernhäuser, Getreidekästen und Stadel des Erdinger Bauernhausmuseums. Gemütlich bummelt man durch das weitläufige Gelände, besichtigt die alten Häuser und erfährt viel über das Leben der Bauern früherer Zeiten.

Vom Eingangsgebäude gelangt man zum 1790 erbauten Wohnstallhaus Rindbach, das mit seiner Einrichtung aus den 30er Jahren gezeigt wird. An der Garderobe hängen noch Jacke und Hut von Bauer Wimmer, dem das Haus zuletzt gehörte.

Zusammen mit dem Getreidekasten Rindbach, dem Backofen Schedenberg, dem Stadel Stetten und dem Bauerngarten ist das Wohnstallhaus Rindbach zu einer Hofanlage aus dem 19. Jh. gruppiert.

Im über 400 Jahre alten Getreidekasten Niederneuching, der zu den wichtigsten bäuerlichen Baudenkmälern in Bayern gehört, berichtet die Ausstel-

Toureninfos:

Bauernhausmuseum des Landkreises Erding am Entenweiher, Taufkirchener Straße 24, 85435 Erding, Tel. während der Öffnungszeiten: 0 81 22/9 33 20; zu den üblichen Dienstzeiten Auskünfte beim Landratsamt Tel.: 0 81 22/58-2 51.

Karsamstag bis Allerheiligen: Samstag, Sonntag und Feiertag: 10.00 bis 17.00 Uhr. Freitags Bauernmarkt von 14.00 bis 18.00 Uhr.

Erwachsene: 1.- €
Kinder ab 6 Jahren: 0.50 €

Das Freilichtmuseum befindet sich im Osten von Erding. In Erding folgt man der Beschilderung Richtung Taufkirchen. Ab der Taufkirchener Straße ist das Museum ausgeschildert.

S-Bahn Linie 2 bis Erding, vom S-Bahnhof in rund 15 Minuten zu Fuß zum Museum

lung Pflügen - Säen - Ernten über die alltägliche Mühsal bäuerlicher Handarbeit.
Insgesamt 15 landwirtschaftliche beziehungsweise gewerbliche Gebäude sind auf dem rund zwei Hektar großen Gelände zu einem Ensemble vereinigt. Die meisten stammen aus dem 18. oder 19. Jahrhundert und standen im Landkreis Erding, bevor sie abgetragen und im Museum wieder aufgebaut wurden.

So haben die Bauern früher geschlafen.

Die Kinder sind besonders von der Kegelbahn von 1886 begeistert. Sie gehörte früher zur Gastwirtschaft beim Kaiserwirt in Langengeisling. Zum Spielen bereit stehen auf der Holzbahn noch heute die alten, gedrechselten Kegel. Sie dürfen sogar benutzt werden.

Tipp

Besonders reizvoll ist der Besuch des Freilichtmuseums am Freitag Nachmittag, wenn hier die Bauern aus der Umgebung ihre frischen Produkte anbieten. An diesen Tagen sind nur die Außenanlagen geöffnet, die Häuser können innen nicht besichtigt werden. Der Eintritt ist während des Bauernmarkts frei.

66 Flughafen München - Besucherpark

Moderne Spielgeräte und alte Flugzeuge begeistern die Kids im Besucherpark des Münchner Flughafens

Flugzeuge aus der ganzen Welt beim Starten und Landen beobachten, einen Blick ins Cockpit einer Superconstellation werfen, eine Rundfahrt durch den Flughafen - das sind nur einige der Highlights, die die Kids im Besucherpark des Münchner Flughafens erwarten.

172 Stufen führen auf den Besucherhügel hinauf - ein Aufstieg der sich auch für die Kleinen lohnt, denn von der Aussichtsplattform liegt einem der Flughafen quasi zu Füßen - man kann den Flugbetrieb auf dem Vorfeld und den beiden Start- und Landebahnen ausgezeichnet beobachten. Der Weg auf den Besucherhügel ist nicht für Kinderwagen geeignet.

Wenn jetzt die Neugierde erwacht ist, bietet sich der Besuch des Informationszentrums an. Hier wird in einer modernen Multimedia-Show mit zahlreichen Filmen unter anderem über die Flughafen-Feuerwehr, die minutiös geplante Abfertigung der Flugzeuge und den Winterdienst berichtet.

Zu Füßen des Besucherhügels stehen drei Oldtimer aus der Geschichte der Verkehrsfliegerei: eine Douglas DC-3,

Toureninfos:

Flughafen München, Besucherdienst;
Infotelefon: 0 89/9 75-4 13 33,
www.munich-airport.de/besucherpark

Besucherzentrum und alle Einrichtungen im Park:
1. März bis 31. Oktober: täglich 9.30 bis 18.00 Uhr.
1. November bis 28. Februar: täglich 9.30 bis 17.00 Uhr.
geschlossen: 24./25. Dezember, 31. Dezember und 1. Januar
Airport-Tour:
1. März bis 31. Oktober:
Montag bis Freitag 13.30 Uhr
Samstag, Sonn- und Feiertage: 11.30 Uhr, 13.30 Uhr und 15.30 Uhr
(keine Reservierungen, im Winter Rundfahrten nur für angemeldete Gruppen)

Besucherzentrum: kostenlos
Besucherhügel und historische Flugzeuge: pro Person 1.- €
Münzeinwurf am Drehkreuz
Airport-Tour:
Erwachsene: 8.50 €,
Kinder 5 bis 14 Jahre: 3.50 €

Restaurant Ikarus
Telefon: 0 89/9 75-9 95 10

Parkplatz P 51 beim Besucherpark, Zufahrt über Autobahn A 92, Abfahrt Flughafen München, Beschilderung zum Besucherpark

S1 oder S8 bis Station Besucherpark

die legendäre „Tante Ju" und eine Loockheed L-1049 G Super Constellation, die auch innen besichtigt werden kann.

Wer eine Flughafen-Rundfahrt mit dem Bus unternehmen möchte, sollte sich gleich bei der Ankunft im Besucherzentrum eine Karte für eine der nächsten Fahrten sichern.

Auf dem rund 50-minütigen Ausflug durch das gesamte Flughafenareal erklärt der Führer anschaulich, wie ein internationaler Flughafen funktioniert. Besonders interessant ist die Fahrt über das Vorfeld, nahe vorbei an den Flugzeugen, die gerade abgefertigt werden. Außerdem sieht man die riesigen Hangars, das Frachtterminal, die Hochtanks für das Kerosin und die Anlagen der Allgemeinen Luftfahrt mit Privatjets aber auch der Hubschrauberflotte der bayerischen Polizei. Da unterwegs eine Personenkontrolle stattfindet, muss der Ausweis mitgeführt werden.

Zwischen dem Besichtigungsprogramm können die Kinder auf dem modernen Spielplatz beim Informationszentrum toben.

Im Restaurant Ikarus mit seinem Biergarten kann man zu familienfreundlichen Preisen einkehren. Ein Flugsimulator verspricht Nervenkitzel für ältere Kinder.

67 Ismaning - Radtour am Speichersee

Bei der Radtour am Speichersee bei Ismaning gibt es für die Kinder viel zu sehen: unzählige Wasservögel am Speichersee, Pferde im Reitclub Eicherloh, die Sendemasten des Bayerischen Rundfunks und als Krönung das Ponygestüt Matthof.

Der Startpunkt der rund 15 Kilometer langen Radtour liegt am südlichen Ende des Dammes, der den Speichersee in zwei ungleiche Hälften teilt. Man radelt über den Damm und hat von hier aus gute Möglichkeiten, unzählige Wasservögel zu beobachten (Fernglas mitnehmen!). Das rund sieben Kilometer lange Speicherbecken wurde 1929 von Oskar von Miller, dem

Ponyhof Matthof

Toureninfos:

Rundstrecke 15 Kilometer
Pony-Gestüt Matthof, Welfenweg 2
85737 Ismaning, Telefon: 0 89/9 6143 04
www.Matthof.de
(Im August und den Weihnachtsferien geschlossen)

Finsinger Alm, Telefon: 0 81 23/98 89 00, im Winter Dienstag Ruhetag, im Sommer kein Ruhetag
Gutsstüberl im Reitstall Gut Eicherloh, Tel: 0 81 23/2488, Montag Ruhetag

Parkmöglichkeit am südlichen Ende des Dammes durch den Ismaninger Speichersee (siehe Karte).
Zufahrt: Autobahnring A 99, Ausfahrt Kirchheim, Richtung Kirchheim fahren. Auf der Umgehungsstraße bleiben, nicht in den Ort Kirchheim abzweigen. Die Straße führt weiter durch das Gewerbegebiet Kirchheim nach Landsham. Im Ortszentrum von Landsham nach links abzweigen in die Speicherseestraße. Der Straße folgen bis zum Speichersee, ab dort Weiterfahrt für Autos verboten.

67

Gründer des deutschen Museums, gebaut. Es dient als Kopfspeicher der Kraftwerkstreppe an der Mittleren Isar. Außerdem wird gereinigtes Abwasser vom Klärwerk Großlappen in die Anlage geleitet. Da der Speichersee nicht von Badegästen aufgesucht wird, entwickelte er sich zu einem europäischen Sommermauserzentrum für Wasservögel. In jedem Sommer ziehen mehr als 50.000 Wasservögel in das Ismaninger Teichgebiet, um hier ungestört ihre Flugfedern zu erneuern.

Nach dem Damm folgt man dem Verlauf des Weges, der zu einer Kreuzung führt. Rechterhand sieht man schon die Finsinger Alm, eine traditionelle Ausflugsgaststätte mit gemütlichem Biergarten und bodenständiger Küche. Wenn man jetzt noch nicht einkehren möchte, fährt man geradeaus weiter den Weg „An der Dorfen", der zu einer Straße führt. Hier fährt man rechts und biegt nach rund 100 Metern wieder links ab in den Birkhahnweg (Wegweiser Reitclub Eicherloh). Vorbei an Fischzuchtteichen und Feldern kommt man nach insgesamt zweieinhalb Kilometern zum Reitstall Gut Eicherloh mit seinen vielen Pferdekoppeln. Hier kann man im Gutsstüberl, das im Hof des Pferdegutes liegt, einkehren.

Vom Reitstall folgt man dem Weg noch rund eineinhalb Kilometer, ehe man nach links in die Großsenderstraße abbiegt (Wegweiser Sempt - Isen Radweg). Rechter Hand sieht man nun die hohen, rotweißen Sendemasten. Bereits 1932 wurde hier der erste Sender von der deutschen Reichspost in Betrieb genommen. Entlang von Wiesen, Äckern und Aussiedlerhöfen geht es weiter zur nächsten Abzweigung an einer kleinen Brücke, wo man nach rechts dem Wegweiser Isen-Sempt-

Im Sommer kommen Tausende von Wasservögeln zum Ismaninger Speichersee

Radweg folgt (hier kommt man nach Abschluss der folgenden Rundtour wieder an). An der nächsten Verzweigung fährt man links in die Senderstraße (Richtung Ismaning).

Nach insgesamt 6,5 Kilometern erreicht man das Ponygestüt Matthof, ein wahres Eldorado für Kinder. Außer den zahlreichen Shetland- und Fjord-Ponys kann man hier Ziegen, Schafe, Hasen, Meerschweinchen und Hühner sehen. Am Freitagnachmittag sowie Samstag und Sonntag wird Ponyreiten für Kinder ab eineinhalb Jahren angeboten. Geführt von ihren Eltern unternehmen die Kinder einen rund halbstündigen Spazierritt durch das Gelände (zirka 11.- Euro, Voranmeldung wird empfohlen. Bitte Radlhelm mitbringen).

Der Matthof veranstaltet auch Kindergeburtstage auf seinem großen Lagerfeuerplatz und Kutschenfahrten mit den Ponys.

Man folgt weiter dem Verlauf des asphaltierten Weges, bis er auf eine Querstraße tritt. Hier fährt man nach links (Wegweiser Isen-Sempt-Radweg). An der nächsten Verzweigung geht es nach links in die Bruckmairstraße. Vorbei an einem Bauernhof mit Pferden fährt man immer geradeaus - der Asphaltweg geht jetzt in einen Schotterweg über - und man erreicht die Kreuzung an der kleinen Brücke, die man auf der Hinfahrt schon passiert hat. Von hier auf dem gleichen Weg wieder zurück zum Parkplatz.

68 Poing - Wildpark

Mit viel Liebe zur Natur und zu den Tieren hat die Familie Festl in Poing einen großzügigen Wildpark angelegt, der mit seinen rund 200 Hirschen und über 50 Mufflons einer der wildreichsten Deutschlands ist.

Der 1959 gegründete Park liegt in einer leicht hügeligen Landschaft mit Wald, Wiesen und Wasserflächen. Er wurde mit der Plakette „fachlich geprüftes deutsches Wildgehege" und der „Bayerischen Umwelmedaille" ausgezeichnet.

Rund vier Kilometer lang ist der Rundweg, der durch den insgesamt 57 Hektar großen Park führt. Da das

Auch im Winter ein lohnendes Ziel

Toureninfos:

Wildpark Poing, Osterfeldweg 20
85586 Poing, Telefon: 0 81 21/8 06 17
www.wildpark-poing.de

Sommer (1.4. bis 1.11.):
Einlass 9.00 bis 17.00 Uhr;
Winter (2.11. bis 30.3.): Montag bis Freitag: Einlass 11.00 bis 16.00 Uhr, Samstag, Sonn- und Feiertage, Schulferien: Einlass 9.00 bis 16.00 Uhr.
Da am Ausgang ein Drehkreuz ist, kann man abends so lange man möchte im Park bleiben.
Greifvogelvorführung: 1. April bis 1. November täglich außer Freitag (in den Schulferien und an Feiertagen auch freitags Vorführungen):
Montag bis Freitag: 10.30 Uhr und 15.00 Uhr, Wochenende und Feiertage: 11.00 Uhr und 15.00 Uhr.

Erwachsene: 5.50 €
Kinder (3–14 Jahre): 3.50 €

Parkplatz am Wildpark, Zufahrt: Autobahn A94 München – Passau, Ausfahrt Parsdorf/Poing, von hier aus Richtung Poing und weiter der Beschilderung folgen.

S2 Richtung Erding, Station Poing, ab dem S-Bahnhof die Hauptstraße entlang und der Beschilderung folgen, rund 20 Minuten Fußweg.

Die Rehe im Wildpark Poing fressen sogar aus der Hand

Dam- und Muffelwild im Freilauf gehalten wird, können einem ganze Rudel von Hirschen über den Weg laufen. Zu den großen Anlagen zählen die Gehege für Wildschweine, Luchse und Wölfe, der Ponyhof, die ungarische Zacklschafzucht, der Geflügelhof sowie die Hängebauch- und Zwergziegen-Zuchtstation. Das Leben im und am Wasser lernen die Kinder anhand der Feuchtbiotop- und der Teichanlagen sowie der Fischschaubecken kennen. In zahlreichen Volieren sind Füchse, Sumpfbiber, Greifvögel, Eichhörnchen, Meerschweinchen und viele andere Tiere zu sehen. Schön gestaltet ist die Abenteuer-Spielwiese mit einer riesigen Holzburg, einem Indianerfort und einem Wasserspielplatz. Im Biergarten bei der Kasse und am Kiosk bei der Spielwiese ist für Verpflegung gesorgt.

Tipp

Im Sommer findet eine Greifvogelvorführung mit freifliegenden Adlern, Falken und Eulen statt. Der Besuch der rund einstündigen Vorführung ist im Eintrittspreis enthalten.

69 Hohenlinden - Walderlebnispfad Sauschütt

Die Hohenlindener Sauschütt trägt auch heute noch ihren Namen zu Recht: In zwei großen Gehegen leben hier viele Wildschweine, die man bei einem Spaziergang auf dem Walderlebnispfad bestens beobachten kann. Am Parkplatz bei der Gaststätte Sauschütt ist auf einer Informationstafel der Verlauf des 3,2 Kilometer langen Weges genau beschrieben.
Er kann sowohl mit dem Kinderwagen als auch mit dem Rollstuhl befahren werden.
Gleich hinter dem Gasthaus kommt man zum Damwildgehege, an das sich das Gehege mit den Wildschweinen anschließt. Da der Weg direkt am Unterstand und Futterplatz der Borstentiere vorbeiführt, kann man ihnen hier wunderbar beim Spielen, Kämpfen und Fressen zuschauen. Wer mag, kann ihnen auch etwas zum Fressen mitbringen - die Wildschweine dürfen gefüttert werden.

Vom Schwarzwild geht es dann zum Rotwild. Damit die Besucher die Hirsche auf der weiten Lichtung besser beobachten können, hat das Forstamt Ebersberg am Rotwildgehege zwei Beobachtungskanzeln aufgebaut.

Toureninfos:

Walderlebnispfad - Rundweg 3,2 km
rund zwei Stunden

Hohenlindener Sauschütt
Tel: 08124/7107, Mo und Di Ruhetag, bei schönem Wetter kein Ruhetag, durchgehend warme Küche

Parkplatz an der Sauschütt:
Zufahrt: Von der Straße zwischen Ebersberg und Hohenlinden zweigt man rund 2 Kilometer südlich von Hohenlinden zur Sauschütt ab (beschildert).

Ebersberg - Museum Wald und Umwelt (Tour 70)

Eine davon ist sogar mit dem Kinderwagen befahrbar.
Auf dem Walderlebnispfad gibt es aber nicht nur Tiere zu sehen sondern auch viele Informationen über das Leben im Wald und Stationen zum Mitmachen, wie zum Beispiel den Tierweitsprung.
Da der Weg ganzjährig geöffnet ist, kann man auch im Winter zur Sauschütt fahren. Selbst bei Schnee macht der Besuch der Wildschweine viel Spaß.

Die Wildschweine an der Sauschütt dürfen gefüttert werden

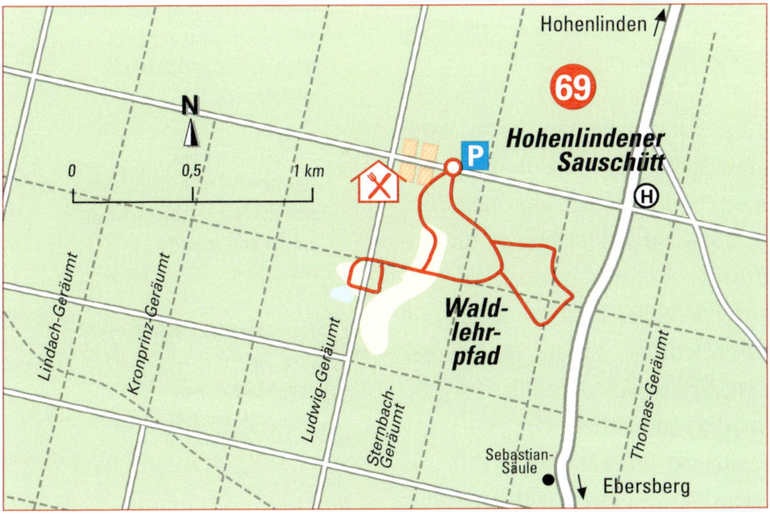

70 Ebersberg – Museum Wald und Umwelt

Das im Mai 2004 eröffnete Museum Wald und Umwelt ist in seiner Konzeption bisher einzigartig in Deutschland. Es will nicht nur über den Wald als solchen informieren, sondern auch den Umgang des Menschen mit der Natur kritisch beleuchten.

Über 200 Jahre alt sind die Holzbücher von Candid Huber

In der Ausstellung zum Thema „Waldgeschichte" erfahren die Besucher, wie die Menschen früher den Wald nutzten und wie wichtig er für ihre Existenz war. Hier ist auch ein ganz besonderes Kleinod zu sehen: die Holzbibliothek, die der Ebersberger Benediktiner Candid Huber vor 200 Jahren geschaffen hat. Auf dem Rundgang kommt man dann ins Jägerhäusl, einem 1740 erbauten

Toureninfos:

Museum Wald und Umwelt,
Ludwigshöhe 2, 85560 Ebersberg,
Telefon: Museum: 08092/24 79 83,
Büro im Rathaus Ebersberg:
Telefon: 08092/82 55 52
www.MuseumWaldundUmwelt.de

15. März bis 15. Nov.: Samstag, Sonn- und Feiertage: 11.00 bis 18.00 Uhr.
16. Nov. bis 14. März: Sonn- und Feiertage: 12.00 bis 17.00 Uhr

Ebersberger Alm, direkt neben dem Museum, Telefon: 08092/2911, Dienstag Ruhetag

In der Stadtmitte von Ebersberg vom Marienplatz Richtung Autobahn München – Passau fahren, kurz vor dem Ortsendeschild an einer kleinen Kapelle nach links abbiegen (beschildert), Parkplatz vor dem Museum.

S 4 nach Ebersberg, vom Bahnhof rund 30 Minuten zu Fuß zum Museum, Wegbeschreibung auf der Internetseite (Freigelände – Wanderführer)

Ebersberg – Naturerlebnis-Pfad (Tour 71)
Hohenlinden – Walderlebnispfad an der Sauschütt (Tour 69)

Blockhaus. Waffen und Bilder aus der damaligen Zeit erzählen vom Leben des früheren Bewohners. Über die Folgen des Klimawandels und der Umweltverschmutzung wird in der Ausstellung „Mensch und Wald heute“ informiert. Im Zentrum des Raums steht die längste Fichtennadel der Welt - ein 6,5 Meter langes Modell im Maßstab 500 : 1. Am Querschnitt sieht man im Detail, was alles in diesem winzigen Wunderwerk der Natur steckt. Ein paar Meter weiter macht den Kindern der „Bodenfunk-Wetterbericht“ viel Spaß, bei dem sie ganz nebenbei das Leben im Waldboden kennen lernen.

Dem Museum angegliedert ist die Umweltstation Ebersberger Forst, die sehr interessante Aktionsprogramme für Kindergruppen aller Altersstufen anbietet.

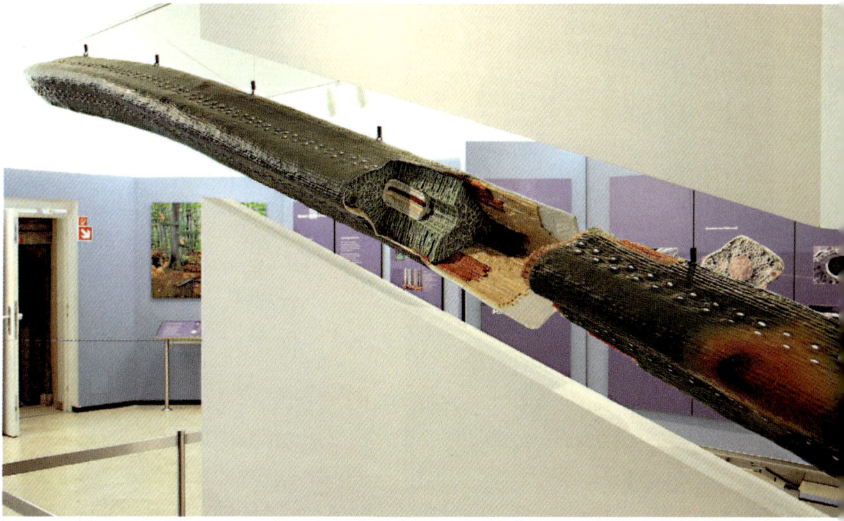

Die längste Fichtennadel der Welt steht im Ebersberger Museum Wald und Umwelt.

71 Ebersberg - Naturerlebnispfad

Am „Museum Wald und Umwelt" in Ebersberg beginnt ein äußerst kreativ gestalteter Naturerlebnispfad, auf dem Kinder und Erwachsene gleichermaßen Spaß haben können und dabei noch etwas lernen. Der Bau des Weges mit seinen zwölf Stationen ist ein Beispiel für vorbildliches Bürgerengagement. Unter Federführung der dem Museum angegliederten Umweltstation beteiligten sich Schulklassen,

Mit verbundenen Augen macht der Gang über den Barfußpfad am meisten Spaß

Toureninfos:

Naturerlebnispfad:
Rundweg rund 1,5 Kilometer

Der Naturerlebnispfad ist immer und kostenlos zugänglich.

Ebersberger Alm, direkt neben dem Museum, Tel: 08092/2911, Dienstag Ruhetag

In der Stadtmitte von Ebersberg vom Marienplatz Richtung Autobahn München – Passau fahren, kurz vor dem Ortsschild an einer kleinen Kapelle nach links abbiegen. Parken beim Museum Wald und Umwelt.

S 4 nach Ebersberg, vom Bahnhof rund 30 Minuten zu Fuß zum Museum, Wegbeschreibung unter www.MuseumWaldundUmwelt.de (- Freigelände – Wanderführer)

Ebersberg – Museum Wald und Umwelt (Tour 70)

ein Lehrerseminar, der Bund Naturschutz sowie die Forstämter Ebersberg und Anzing an der Realisierung des Projektes.

Wer erkennt das Wildobst?

Erstes Ziel ist der Aussichtsturm auf der Ludwigshöhe, von dem man einen wunderbaren Blick hat. Auf dem Weg dorthin gilt es, die Höhe des Turmes und damit die der umstehenden Bäume zu schätzen. Im Klangwald kann man dann mit einem Lauschbaum, einem Holzxylophon und einem Baumtelefon experimentieren.

Bei Kindern besonders beliebt ist der Gang mit verbundenen Augen über den Barfußpfad, der mit verschiedenen natürlichen Materialien belegt ist. Um die Menge des Laubes zu verdeutlichen, die in unseren Wäldern anfällt, wurde ein Laubtunnel angelegt, dessen Höhe dem Laubfall von 25 Jahren entspricht. Hinter dem Laubtunnel wartet ein Bodenmonster auf die Besucher: eine überdimensionale Assel aus Bronze sitzt auf einem ebenso vergrößerten Buchenblatt. Nachdem man am Meditationsplatz die Atmosphäre im Wald in sich aufgenommen hat, kommt man zum Toteisloch und zum Rindenkobel, einer Hütte, in der früher die Waldarbeiter übernachtet haben. Am Toteisloch führt ein Steg zum Wasser, Klapptafeln informieren über die Bewohner. Wildobst und Nusssträucher kann man an der nächsten Station spielerisch und interaktiv kennen lernen. Am Ende des Rundgangs finden die Besucher zwei Arbeitstische und Lehm, mit dem sie ihre Eindrücke gestalterisch verarbeiten können.

72 Neubiberg – Umweltgarten

Die Gründer des Umweltgartens wollten Kindern ermöglichen, hier wieder Kontakt zu Tieren und zur Natur zu bekommen. Das ist ihnen hervorragend gelungen. Rund 80 Tiere leben in den bestens gepflegten Gehegen, viele lassen sich gerne von den Kindern streicheln. Zusätzlich lernen die Kids in den Themengärten die verschiedensten Pflanzen kennen.
1984 entstand in Neubiberg die Arbeitsgemeinschaft „Natur und Umwelt“, die auf dem aufgelassenen Sportplatzgelände eine Einrichtung für Naherholung und Umwelterziehung schaffen wollte – ein bis dahin in Deutschland einzigartiges Projekt. Die Arbeitsgemeinschaft entwickelte in zahlreichen Gesprächen Pläne und Ideen und gab dem Gemeinderat Anregungen für den geplanten Umweltgarten. Durch Spenden und den Arbeitseinsatz vieler Bürger konnte 1988 das Gemeinschaftsprojekt Umweltgarten eröffnet werden. Schirmherr ist der berühmte Tierfilmer Heinz Sielmann.

Enten und viele andere Haustiere leben im Umweltgarten in Neubiburg

Toureninfos:

i Umweltgarten Neubiberg,
Äußere Hauptstr. 10, 85579 Neubiberg
Telefon: 0 89/6 00 12-24
www.neubiberg.de
(Umwelt)

Jederzeit öffentlich zugänglich, die Tiere werden gegen 17.00 Uhr in ihre Ställe gebracht.

€ Eintritt frei

P Neubiberg liegt südöstlich von München. Von der Durchgangsstraße an der großen Kreuzung Richtung Ortsmitte Neubiberg abbiegen in die Äußere Hauptstraße. Parkmöglichkeiten in der Nähe des Umweltgartens vorhanden.

H Von München mit der S6 Richtung Kreuzstraße zur Station Neubiberg, von dort in 5 Minuten zu Fuß zum Umweltgarten.

Im Bauerngarten lernen Kinder viele heimische Nutzpflanzen kennen

Größte Attraktion für die Kinder sind natürlich die vielen Tiere: Es gibt ein großes Gehege mit Schafen, in den Kleintiergehegen kann man Enten, Gänse, Kaninchen und Hühner beobachten. Im Zentrum der Anlage befindet sich die große Tierweide. Hier leben vom Aussterben bedrohte Haustierrassen wie Kärntner Brillenschafe, Dartmoor Ponys und bunte deutsche Edelziegen. Die meisten Tiere lassen sich gerne streicheln – das Füttern ist allerdings strengstens verboten.

Im Staudengarten blühen vom Frühling bis in den späten Herbst bunte Blumen, im Bauerngarten kann man die wichtigsten Feldfrüchte kennen lernen und am Teich bestens das Leben am Wasser studieren. Hier gibt es auch einen kleinen Spielplatz, einen größeren findet man hinter der Streuobstwiese und dem Bienenstand. Außerdem gibt es im Umweltgarten eine Kräuterspirale, einen kleinen Gehölzlehrpfad, eine Kompoststraße und einen Steingarten. Die geschotterten Weg sind gut für den Kinderwagen geeignet.

Tipp

Jeden Donnerstag gehört der Marktplatz auf dem Gelände des Umweltgartens den Händlern des Biomarktes. Von 14.30 bis 18.00 Uhr werden vor allem ökologisch erzeugte Lebensmittel angeboten.

73 Moosach – Rund um den Steinsee

Ein gemütlicher Spaziergang, der auch von kleineren Kindern gut bewältigt wird, ist der Rundweg um den Steinsee. Attraktives Ziel ist der Reiterhof, wo man einkehren und viele Pferde bewundern kann.

Start der Wanderung ist beim Familienbad am Steinsee, wo man bei schönem Wetter baden kann. Am Parkplatz findet man eine Übersichtskarte, die über den Steinsee informiert. Er ist in der letzten Eiszeit als Toteiskessel entstanden und mit seinen 21 Hektar Wasserfläche ein kleiner, aber relativ tiefer Moränensee. Für die Seeumrundung hält man sich am Eingang des Familienbades links und wandert etwas oberhalb des Sees durch den Wald. Das Seeufer ist hier aus Naturschutzgründen eingezäumt. Bald gelangt man an das südliche Ufer, wo man beim Moosacher Bad hinunter zum See gelangt. Danach führt der Weg wieder weg vom See und über Wiesen leicht bergauf. Kurz vor der Kuppe geht man an der Übersichtstafel rechts. Im Winter und Frühjahr, wenn die Bäume kein Laub tragen, hat man von hier einen schönen Blick auf den ruhig liegenden See.

Toureninfos:

i Rundweg um den Steinsee: rund eine Stunde

Gaststätte Reiterhof,
Tel. 0 80 93/49 80
Montag Ruhetag

P Parkplatz beim Familienbad.
Zufahrt: Der Steinsee liegt zwischen Glonn und Grafing bei Moosach. Der Weg zum See ist in der näheren Umgebung ausgeschildert.

Gemächlich wandert man über weiche Hügel wieder bergab und erreicht bald den Reiterhof mit seinen vielen Koppeln. Hier kann man in der Gaststätte Reiterhof mit ihrem kleinen Biergarten und einer familiengerechten Speisekarte einkehren. Leider besteht für die Kinder keine Möglichkeit zum Reiten. Hält man sich nach der Gaststätte rechts kommt man auf einen Fahrweg, der in wenigen Minuten wieder zum Parkplatz führt.

Wohin bei Sonne?

Bei schönem Wetter kann man mit Kindern natürlich am meisten unternehmen. In diesem Buch ist eine reichhaltige Palette vielseitiger Vorschläge zusammengetragen. Um die Übersicht zu erleichtern, sind die einzelnen Ausflugsvorschläge hier einmal thematisch gegliedert (Tourennummern in Klammern).

Parks und Tiergärten

- München – Olympiapark (18)
- München – Tierpark Hellabrunn (20)
- München – Schloss Nymphenburg (21)
- München – Botanischer Garten (22)
- München – Hirschgarten (23)
- München – Westpark (24)
- München – Rosen- und Giftgarten (26)
- München – Ostpark (27)
- München – Englischer Garten (28)
- Wolfratshausen – Märchenwald (36)
- Olching – Vogelpark (57)
- Freising – Lehrgärten in Weihenstephan (64)
- Poing – Wildpark (68)
- Neubiberg – Umweltgarten (72)

Besichtigungen und Vorführungen bei schönem Wetter

- München – Allianz Arena (19)
- München – Pferderennen (29)
- Grünwald – Bavaria Filmstudios (30)
- Utting – Ex Ornamentis Maislabyrinth (49)
- Schöngeising – Bauernhofmuseum Jexhof (51)
- Kaltenberger Ritterturnier (53)
- Fürstenfeldbruck – Kiddi-Car (54)
- Erding – Bauernhausmuseum am Entenweiher (65)
- Flughafen München – Besucherpark (66)
- Ebersberg – Museum Wald und Natur (70)

Spaziergänge und Wanderungen

- München – Planetenweg (25)
- Grünwald – Wanderung an der Isar (33)
- Großdingharting – Deininger Weiher (34)
- Sachsenkam – Vom Kloster Reutberg zum Kirchsee (37)
- Warngau – Wanderung auf den Taubenberg (38)
- Feldafing – Von Possenhofen zur Roseninsel (41)
- Tutzing – Brahmspark (42)
- Bernried – Rundweg durch den Seepark (43)
- Maisinger See (44)
- Wessobrunn – Kloster und Tassilolinde (45)
- Utting – Freizeitgelände und Alte Villa (48)
- Dießen – Schatzbergalm (50)
- Fürstenfeldbruck – Vom Kloster Fürstenfeld zum Amperstausee (55)
- Dachau – Wanderung vom Schloss in die Amperauen (60)
- Röhrmoos – Wanderung nach Mariabrunn (61)
- Moosach – Rund um den Steinsee (73)

Walderlebnispfade

- Grünwald – Walderlebniszentrum (31)
- Schäftlarn – Isar-Erlebnispfad (35)
- Fürstenfeldbruck – Walderlebnispfad Rothschwaiger Forst (56)
- Aichach – Walderlebnispfad (59)
- Freising – Walderlebnispfad (63)
- Hohenlinden – Walderlebnispfad Sauschütt (69)
- Ebersberg – Naturerlebnispfad (71)

Radtouren

- Starnberger See – Radtour von Ambach zur Votivkapelle (40)
- Maisinger See (44)
- Radtour durchs Moos zur Erdfunkstelle Raisting (46)
- Schöngeising – Radtour beim Jexhof (52)
- Ismaning – Radtour am Speichersee (67)

Schiffs- und Bootsfahrten

- Starnberger See – Schifffahrt (39)
- Ammersee – Schifffahrt (47)

Wohin bei Regen?

Wenn es draußen Bindfäden regnet, werden Kinder am Wochenende meist quengeling. Ein Museumsbesuch oder eine Theatervorstellung sind da eine willkommene Abwechslung, die auch wieder neue Anregungen zum Spielen bringt (Tourennummern in Klammern).

Museen

- München – Deutsches Museum (1)
- München – Verkehrszentrum des Deutschen Museums (2)
- München – Kinder- und Jugendmuseum (3)
- München – Feuerwehrmuseum (4)
- München – Münchner Stadtmuseum (5)
- Schatzkammer in der Residenz (6)
- München – Krippensammlung im Bayerischen Nationalmuseum (7)
- München – Museum Mensch und Natur (8)
- München – Spielzeugmuseum (9)
- München – Paläontologisches Museum (10)
- München – Volkssternwarte (11)
- München – Schloss Nymphenburg (21)
- Grünwald – Burg Grünwald (32)
- Egenhofen – Furthmühle (58)
- Oberschleißheim – Flugwerft des Deutschen Museums (62)
- Ebersberg – Museum Wald und Umwelt (70)

Theater, Zirkus, Vorführungen

- München – Münchner Marionettentheater (12)
- München – Münchner Theater für Kinder (13)
- München – Billes Marionettenbühne (14)
- München – Kleines Theater im Pförtnerhaus (15)
- München – Schauburg – Theater der Jugend (16)
- München – Circus Krone (17)

Das Baby dabei

In der Bauchtrage oder Kraxe kann man Babys natürlich zu fast allen im Buch empfohlenen Ausflügen mitnehmen. Viele Eltern möchten aber gerne den Kinderwagen dabei haben. Alle Touren, die mit dem Kinderwagen problemlos machbar sind, wurden daher im Textteil mit dem Kinderwagensymbol gekennzeichnet. Hier eine Zusammenstellung der insgesamt 39 Kinderwagentouren (Tourennummer in Klammern).

München

- Deutsches Museum (1)
- Münchner Stadtmuseum (4)
- Museum Mensch und Natur (8)
- Olympiapark (18)
- Tierpark Hellabrunn (20)
- Schlosspark Nymphenburg (21)
- Botanischer Garten (22)
- Hirschgarten (23)
- Westpark (24)
- Planetenweg (25)
- Rosen- und Giftgarten (26)
- Ostpark (27)
- Englischer Garten (28)
- Pferderennen (29)

Im Süden von München

- Grünwald – Bavaria Filmstudios (30)
- Grünwald – Walderlebniszentrum (31)
- Wolfratshausen – Märchenwald (36)
- Sachsenkam – Vom Kloster Reutberg zum Kirchsee (37)
- Starnberger See – Radtour von Ambach zur Votivkapelle (40)
- Feldafing – Von Possenhofen zur Roseninsel (41)
- Tutzing – Brahmspark (42)
- Bernried – Rundweg durch den Seepark (43)
- Maisinger See (44)
- Utting – Freizeitgelände und Alte Villa (48)

Im Westen von München

- Schöngeising – Bauernhofmuseum Jexhof (51)
- Kaltenberger Ritterturnier (53)
- Fürstenfeldbruck – Vom Kloster Fürstenfeld zum Amperstausee (55)
- Fürstenfeldbruck – Walderlebnispfad Rothschwaiger Forst (56)
- Olching – Vogelpark (57)
- Aichach – Walderlebnispfad (59)

Im Norden von München

- Dachau – Wanderung vom Schloss in die Amperauen (60)
- Oberschleißheim – Flugwerft des Deutschen Museums (62)
- Freising – Walderlebnispfad (63)
- Freising – Lehrgärten in Weihenstephan (64)
- Erding – Bauernhausmuseum am Entenweiher (65)
- Flughafen München – Besucherpark (66)

Im Osten von München

- Poing – Wildpark (68)
- Hohenlinden – Walderlebnispfad Sauschütt (69)
- Neubiberg – Umweltgarten (72)
- Moosach – Rund um den Steinsee (73)

Register